KB210166

예배팀을 변화시키는

워십
스쿨

Worship School

·

정석찬 지음

예배팀을 변화시키는 워십 스쿨

미래사CROSS

예배 인도자

김동희 형제님에게 드립니다.

예배를 통한 부흥을 꿈꾸며 국내외 많은 교회를 방문해서 강의를 했습니다. 교회에서 교육을 하며 아쉬운 점이 있었는데, 예배를 인도하는 예배팀이나 회중으로 예배에 참여하는 예배자들 모두가 예배에 대한 교육과 배움이 없었다는 것입니다.

교육과 배움이 없었다는 것은 그만큼 예배의 깊이가 깊지 않다는 것입니다. 배움이 없고 깊지 않은 예배는 곧 교회의 열매로 드러났습니다. 하나님을 만나는 일이 희귀해진 예배, 기대가 되지 않는 예배, 견뎌야 하는 예배, 사람 소리가 가득한 교회, 행사로 분주한 교회, 능력이 없어진 교회……

이 땅에 예배 사역이 일어난 지 30년이 넘었습니다. 오랜 세월이 지났는데도 예배를 섬기는 분들을 위한 마땅한 교재가 없어서 부족한 제가 다윗이 작은 돌을 들고 섰을 때의 마음으로 만들어보았습니다. 비록 완벽한 책은 아니지만, 예배를 섬기는 분들에게 작은 파장을 드리고 싶은 마음에서 기획했습니다. 그들만의 고민을 함께 나누어보라고, 그들이 바른 길을 가고 있는지 점검해보라고 말이지요.

이 책은 공과책도 아니고 QT 책도 아닙니다. 함께 읽어보고 함께 고민하며 나누는, 서로의 성장을 향해 방향을 잡아가는 책입니다. 이 책을 읽는 분들이 조금이라도 성장하는 계기가 되기를 기도합니다. 바라기는 이 책으로 예배에 대한 공부를 끝내지 말고, 더 좋은 책들을 통해 하나님을 알아가고 예배를 깊이 연구했으면 합니다.

이미 한 권의 책을 출간한 적이 있지만, 그래도 책을 출간하는 일이 부끄럽고 자신이 없어서 원고를 몇 년째 묵혀두고 있던 제게 용기를 주신 분들이 있습니다.

'이름없는교회' 백성훈 목사님의 푸시가 없었으면 원고는 아직도 컴퓨터 하드 깊숙한 곳에서 잠자고 있을 것입니다.

부끄러운 원고를 먼저 읽어본 친구 최신호 목사와 후배

박지인 목사는 한국 교회 예배 사역자들에게 필요한 내용이라며 꼭! 출간해야 한다고 격려해주었습니다.

2020년이 시작되자마자 저를 출판사로 데려가서 "정 목사 좋은 사람이야" 하며 무조건 내야 한다고 출판사에 거룩한 협박을 해주신 박에녹 목사님은 출간의 은인입니다.

사전에 원고를 검토하지 않고 계약하는 일이 처음이라면서도 저를 믿고 기꺼이 모험을 해주신 고영래 대표님께도 감사드립니다.

개척교회의 한계와 연약함을 잘 알면서도 예수님을 믿기에 작은 나룻배에 기꺼이 승선해주신 오상훈 집사님과 우리 러브처치 형제자매님들에게 특별한 감사와 사랑을 전합니다.

창릉천이 흐르는

아름다운 삼송에서

차례

하나 되기

여러분 반갑습니다.

우리가 공동체로 모였으니 처음부터 공과공부를

하듯 딱딱하게 하지 말고, 먼저 분위기를 부드럽게 하세요.

이 모임은 글을 읽고, 서로 생각하고, 다른 사람의 이야기를

들어주며, 자신의 마음을 나누는 시간입니다.

첫 시간에는 우리의 부르심과 관계를 점검하는 시간을

가져보겠습니다.

01

예배팀은 자신을 내려놓는 사람들입니다

2002년 한일 월드컵에서 우리나라를 4강으로 이끈 거스 히딩크 감독은 더 이상 설명이 필요 없는 인물입니다. 그는 한국 축구에 새로운 모습을 제시해주었습니다. 그 이면에는 철저한 팀 규정이 있었습니다.

이를테면 그전에는 식당에 갈 때 자율 복장이었는데, 그는 식사 자리에서도 팀 유니폼을 입게 해서 한 팀이라는 점을 강조했다고 합니다. 또 전에는 연령대가 비슷한 선수들끼리 식탁에 무리를 지어 앉았는데, 이것은 선수들 간의 소통을 가로막는 원인이 되었습니다. 막내 선수와 최고참 황선홍 선수의 경우 나이 차이가 무려 열 살 가까이 되어 거리낌 없는 대화가 불가능했던 것입니다. 당연히 나이에 따른 위계가 엄격했고, 나이 많은 선수가 어린 선수에게 일방적으로 지적하는 모습이 자주 눈에 띄었다고 합니다.

그래서 히딩크 감독은 식사할 때 나이 상관없이 선수들끼리 섞여 앉게 했습니다. 그는 이에 그치지 않고 운동장에서는 나이가 많아도 형이라는 호칭 대신 이름을 부르게 했습니다. 그렇게 해야 의사소통이 원활히 이루어진다고 보았기 때문입니다. 또한 아무리 대스타이고 고참이라도 훈련장에 올 때는 공이나 훈련 장비를 직접 들고 들어가도록 지시했습니다.

사소한 것 같지만, 이 모든 것이 팀워크를 위한 히딩크 감독의 전략이었습니다. 이는 경기장 안에서뿐만 아니라 훈련과 공동생활에서도 팀워크가 중요하다는 것을 알려주는 좋은 예입니다.

히딩크 감독이 팀워크를 얼마나 중요하게 생각했는지를 보여주는 일화가 또 있습니다. 2001년 홍콩 칼스

버그컵 대회는 히딩크 감독이 대한민국 축구대표팀 감독으로서 치른 데뷔전이었습니다. 한국팀은 1차전에서는 역전패를 당하고, 2차전 파라과이와의 경기에서는 승부차기 끝에 승리했습니다. 그런데 이날 대표팀의 간판 수문장 김병지 골키퍼가 골대를 비우고 하프라인 근처까지 골을 몰고 나오다가 상대 공격수에게 인터셉트를 당하는 바람에 아찔한 상황을 초래했습니다. 히딩크 감독은 불같이 화를 냈고, 후반에 골키퍼를 바로 교체했습니다. 팀을 위태롭게 만들었으니 골키퍼 자격이 없다고 판단한 것입니다.

> 자기 혼자 튀어보겠다는 생각은 팀 전체를 위태롭게 한다. 게다가 골키퍼는 마지막 보루다. 골문을 비워놓고 나오는 골키퍼는 무책임한 선수다.[01]

그 뒤 김병지 선수는 약 1년 동안 대표팀에 승선할 수

---

01) 거스 히딩크, 『마이 웨이』, 조선일보, 2002, p. 117.

없었습니다. 이와 같이 히딩크 감독은 선수들에게 철저히 한 팀을 이룰 것을 요구했습니다. 2002년 월드컵에서의 4강 진출은 발전한 기술 위에 좋은 팀워크를 이룬 선수들이 일궈낸 결과물이었습니다.

팀워크가 비단 스포츠에서만 중요한 것은 아닙니다. 예배 인도를 함께하는 예배팀 안에서도 팀워크는 중요합니다. 예수님만을 드러내는 팀이 되기 위해 때로는 자신을 숨기고 비워야 하며, 다른 지체와 조화를 이루기 위해 상대를 존중할 뿐만 아니라 자기 스타일을 내려놓아야 할 때도 있습니다.

오래전 어느 지방에서 제가 섬기던 팀과 함께 집회를 인도했을 때의 일입니다. 집회 3시간 전 연주팀과 연습 도중에 연주자들 사이에서 문제가 생겼습니다. 그날 메인으로 연주하던 자매님과 객원으로 모셔온 세컨드 건반 연주자 형제님의 연주 스타일이 달라서 생긴 의견 충돌이었습니다.

대학에서 클래식피아노를 전공한 메인 건반 자매는 사실 팀 합주를 전문으로 하는 사람이 아니었습니다. 이와는 달리 객원으로 오신 형제님은 요즘 말하는 실용음악으로 기본기를 다진 밴드 중심의 연주자였습니다.

저는 그때만 해도 음악 지식의 폭이 넓지 않아서 건반악기를 연주해왔다는 공통점 하나로 두 분이 서로 맞춰 잘하리라고 생각했습니다. 게다가 두 분은 기도를 열심히 하는 사람들이었습니다. 그런데 연주 스타일이 다르다는 점이 팀이 하나 되는 데 걸림돌이 되는 것을 보았습니다.

자매님은 전공자답게 오른손, 왼손을 다 사용해서 세컨드 건반 영역, 베이스기타와 드럼 영역까지 모두 아울렀습니다. 그러다 보니 세컨드 건반 형제님은 메인 건반 자매님과 같이 연주하기가 어렵겠다고 했고, 그 말에 자매님의 화가 폭발하고 말았습니다.

우리는 연습을 뒤로한 채 기도로 하나님께 도움을 구했고, 극적으로 집회를 마칠 수 있었습니다. 참 힘든 시간이었지만 그 일을 통해 많은 것을 배웠습니다. 아름다운 합주로 연주를 하려면 서로의 영역을 인정하고 존중해주어야 한다는 것입니다. 그리고 필요하다면 자신의 스타일을 내려놓아야 할지도 모릅니다. 물론 이해합니다. 오랜 시간 축적된 음악 스타일, 자신이 추구해온 연주 스타일을 단번에 바꿀 수는 없다는 것을 말입니다.

예배 인도자들의 마음속에는 '나도 누구처럼 대형무대에서 인도해봤으면', '나도 음반을 내서 한국 교회에서 유명해졌으면', '내가 하나님이 쓰시는 사람이라는 것을 모든 사람이 알아봐주었으면' 하는 심리가 숨어 있습니다. 어떤 면에서는 사람들 앞에 서서 주목을 받고 사람들이 그들을 따라주니 그런 마음이 드는 것이 당연하게 느껴지기도 합니다.

그러나 우리는 잘 알아야 합니다. 예배팀은 영적 스타를 만드는 팀이 아닙니다. 예배팀은 세상에서는 돋보이기 어려우니 예수님을 이용해 기독교계에서 유명해지려고 하는 팀이 아닙니다. 예배팀은 예수님과 함께 죽은 사람들입니다. 자신의 명예, 비전, 생명까지 십자가에 못 박은 사람들입니다. 따라서 철저히 자신을 숨기고 예수님을 드러내야 합니다. 자신을 사람들 앞에 드러내려고 힘쓰는 예배팀은 이미 예배팀이 아닙니다.

" 나누어봅시다 "

01 내 마음속에 예수님보다 나 자신을 더 드러내 보이고 싶은 마음은 없었는지요?

02 우리는 평소에도 팀으로 활동합니까, 아니면 예배 때만 그렇게 합니까? 우리가 한 팀으로서 고쳐야 할 점은 무엇이며, 장점으로 성장시켜야 할 부분은 무엇인가요?

03 나를 팀으로 부르셨을 때 내가 내려놓아야 할 것은 무엇일까요?

다른 것은
틀린 것이 아닙니다

제가 군대에 입대할 때 아버지께서 저를 걱정하시며 이런 말씀을 하셨습니다.

"세상 어디에 가나 너와 맞지 않는 사람이 있기 마련이다. 네가 보기 싫어하는 사람도 있기 마련이고, 너를 힘들게 하는 사람도 있기 마련이다. 군대에도, 학교에도, 직장에도 이런 사람은 꼭 하나씩 존재하기 마련이다. 그러니 군대에서 둥글둥글하게 사는 법을 배워 와라."

그런데 교회에는 보기 싫은 사람이 없을까요? 교회에 다니면 다 천사가 될까요? 잘 생각해보면 당신이 불편해하는 그분도 당신을 불편하게 여길 수 있습니다. 문득 이런 글귀가 떠오릅니다.

> 우리는 모두 '공사 중' 팻말을 붙인 사람들이다.
> 하나님께서 우리를 고치고 계시는 중이다.

그렇습니다. 사람들은 모두 공사 중입니다. 오랜 시간 단단해진 자신을 부수고 새롭게 예수님의 모습으로 만드는 공사 중입니다. 그렇기 때문에 우리는 서로를 더 넓은 가슴으로 이해해주어야 합니다.

다양한 배경을 가진 이들이 모이는 곳이 교회입니다. 태어난 나라에 따라 문화적 차이가 있을 수 있고, 지방색이 있을 수도 있고, 각자 살아온 배경도 다르고, 남녀 차이도 존재하며, 교육적인 배경과 신앙적인 차이도 있을 수 있습니다. 그러니 서로 맞지 않는 것이 당연합니다. 문제는 이렇게 당연한 것을 우리는 잘못되었다고만 생각한다는 점입니다. 오히려 이런 차이가 각자를 성장시키는 좋은 도구가 될 수 있습니다.

다른 것은 틀린 것이 아닙니다. 저는 저와 다른 사람을

틀린 것으로 생각하고 싫어했던 적이 있습니다. 그런데 다른 것은 다른 것일 뿐 틀린 것(오답)은 아닙니다. 단지 자신의 기준을 내세울 때만 틀린 것이라고 생각하지요.

아직도 교회 안에서 나와 다른 것을 틀렸다고 생각하는 분들이 많은 것 같습니다. 서로 다르다는 것은 창조의 섭리입니다. 쉽게 이야기하면 「창세기」에 남자와 여자를 다르게 창조하시지요? 서로 보완해주고 세워주는 돕는 배필이 되어주라고 그렇게 만드십니다. 이것을 우리 교회에도 적용해볼까요?

우리는 서로를 보완해주기 위해 함께 공동체로 부르심을 받았습니다. 하나님은 다양한 것을 즐기시는 분입니다. 예를 들어 우리 가운데 얼굴이 똑같은 사람은 단 한 사람도 없습니다. 쌍둥이들조차 완전히 똑같지는 않습니다. 음성도 같은 사람이 없다고 하죠? 또 겨울에 내리는 눈송이의 결정도 현미경으로 보면 같은 게 없다고 합니다.

이처럼 하나님은 다양한 것을 즐기시는 분이며, 또한 다양한 것을 품어주실 수 있는 넓은 가슴을 가지신 분입니다. 우리도 하나님을 높이고 그분과 교제한다면, 그분을 닮는 것이 소원이라면 넓은 가슴으로 서로를 품어주어야 합니다.

자, 여러분! 좀 더 깊이 들어가볼까요?

「고린도전서」 12장을 열어주세요. 「고린도전서」 12장 4절부터 30절까지 5분쯤 묵상해보세요.

묵상이 끝났다면, 이제 「고린도전서」 12장이 무엇을 말씀하는지 볼까요? 4~6절을 보면 은사와 직분 그리고 사역은 다양하지만 그것을 주관하시는 분, 우리가 섬기는 분은 오직 한 분 하나님이심을 보여줍니다. 하나님께서 다양한 은사와 직분, 사역을 주셨다는 것이 드러납니다.

7~11절은 한 성령님에 의해 다양한 은사가 나타날 수 있음을 보여주고 있습니다. 시작되는 7절과 단락을 마치는 11절에는 성령님께서 성령님의 뜻대로 각 사람에게 은사를 나누어주신다는 것을 강조하고 있지요. 다음으로 12~27절에는 한 몸과 각 지체들에 대해 다루고 있습니다. 모든 구절이 너무도 아름답고 귀합니다.

몸은 상징적으로 예수님의 교회를 표현합니다. 그리고 각 지체는 각양의 은사를 받은 우리들의 모습이라고 할 수 있을 것입니다. 그런데 문제가 생겼습니다. 발과 귀가 이상한 소리를 합니다.

"나는 손이 아니기 때문에 몸에 붙지 않았어."

"나는 눈이 아니기 때문에 몸에 붙지 않았어."

얘들이 왜 이러는 걸까요? 정말 자신들이 한 몸이라는 것을 몰라서 그럴까요? 혹시 눈이나 손처럼 주목받지 않아서 그러는 게 아닐까요?

17절에는 이렇게 이야기합니다.

> 만일 온 몸이 눈이면 듣는 곳은 어디며 온 몸이 듣
> 는 곳이면 냄새 맡는 곳은 어디냐

성경의 표현대로 온 몸이 눈이면 어떨까요? 좀 극단적으로 이야기하자면 그것은 괴물일 것입니다. 다른 기능은 없다는 이야기지요. 또한 온 몸이 듣는 곳이면 아름다운 향기를 맡을 수 없을 것입니다. 이것을 쉽게 예배팀에 적용해볼까요?

"나는 왜 맨날 세컨드 키보드만 연주하게 하세요? 맨날 '빠밤~~빠밤' 브라스만 넣게 하고, 스트링으로 깔게 하고……. 저도 메인 건반 하고 싶어요!"

또 이렇게 표현해볼까요? 어느 날 드럼이 찾아와서 건반에게 말합니다.

"야! 나 찬양팀 안 할 거야. 나는 맨날 얻어터지고 두드려 맞고, 너처럼 예쁜 소리도 안 나잖아. 나 안 할 거야!"

이번엔 바이올린이 베이스기타에게 이렇게 이야기

합니다.

"너는 격이 떨어지게 '둥두둥'이 뭐냐? 좀 가냘프고 심금을 울리는 격조 있는 소리를 낼 순 없어?"

이번에는 저 같은 사람에게 위로가 되는 말씀입니다. 혹시 저와 함께 위로를 받으실 분이 있을까요? 22절부터 24절에 있는 내용입니다. 약하게 보이는 지체가 더 요긴하다!

저는 예배 인도도 하고, 강의도 하고, 이렇게 글도 쓰고 있지만 참 약한 존재입니다. 여러분은 어떠신가요?

자, 이것도 예화를 들어 조금 재미있게 설명을 해보지요. 주일학교 유치부 수준인데요.

어느 날 코와 눈이 똥꼬에게 찾아왔어요.

"똥꼬야! 너는 우리 몸에서 필요 없는 존재야. 냄새 나고, 아주 불결해."

코의 말에 이어 눈도 똥꼬를 향해 이렇게 말했습니다.

"넌 더럽고 쭈글쭈글하고, 보기도 싫어. 너랑 한 몸이라는 게 창피해!"

코와 눈의 말에 똥꼬는 너무 슬펐습니다.

그날 응가가 눈치도 없이 똥꼬를 간지럽혔어요. 그런데 똥꼬는 코와 눈에게 들키지 않으려고 있는 힘을 다해 응가를 막았답니다. 그러자 방귀가 '뿌웅~~' 새어 나와 코를 힘들게 했습니다. 그렇게 20일이 지나자 눈은 충혈되고, 온 몸에 열이 오르기 시작했습니다. 나중에는 눈이 튀어나올 것 같았고 몸과 얼굴에 뾰루지가 많이 생겨 몹시 가려웠습니다. 온 몸에 똥독이 올라 거의 죽을 지경이었지요. 그제야 코와 눈은 똥꼬가 보이지 않는 곳에서 얼마나 큰일을 하는지 깨닫게 되었답니다.

잘못을 깨달은 코와 눈이 똥꼬를 찾아가서 사과했습니다.

"똥꼬야, 미안해. 우리가 정말 잘못했어!"

자, 어떤가요? 확!! 느낌이 오시죠? 더 이상 설명하지 않아도 될 것 같습니다.

오케스트라는 각각 다른 소리를 내는 다양한 악기가 악보와 지휘자에 따라 화음을 이룰 때 놀랍도록 아름답습니다. 오케스트라가 다 바이올린일 수는 없습니다. 모두 콘트라베이스나 팀파니일 수도 없습니다.

「고린도전서」 12장의 핵심은 머리 되신 예수님 안에서 다양한 지체가 있고, 이 지체는 서로를 존중해야 한다는 것입니다. 저는 이「고린도전서」 12장을 묵상할 때 해결되지 않던 문제가 해결되는 경험을 했습니다.

오래전 제가 전도사로 섬기던 교회에 학생 하나가 천주교회에서 개신교회로 왔습니다. 어느 날 이 친구가 이해가 안 된다며 제게 질문을 했습니다.

"전도사님! 제가 다니던 천주교회는 교회가 하나거든요. 다른 교파가 없어요. 그런데 개신교에 오니까 장로교, 감리교, 성결교, 순복음 같은 교파가 참 많아요. 한 분 하나님을 예배한다면서 왜 이렇게 나누어졌나요? 하나로 될 수는 없나요?"

그 말에 저는 제대로 답을 하지 못한 채 얼버무렸습니다. 뭐, 조금 창피한 것도 있었지요.

그러다가「고린도전서」 12장을 묵상하면서 답을 찾게 되었습니다. 각각 교파가 달라도 이미 하나의 교회라는 것을, 이 교파들이 각각의 역할을 감당하고 있다는 것을 말입니다. 어느 교파는 팔과 손의 역할을, 어느 교파는 발과 다리의 역할을 한다는 것을 이해한 것이지요.
서로 그리스도의 한 몸임을 알고 교파가 연합하게 될 때
놀라운 기적 같은 일들이 이 땅에 이루어지리라는 생각
을 하게 되었습니다.

01 내가 많이 불편하게 여기는 사람이 있다면 그 사람을 어떻게 이해해볼 수 있을까요? 하나님께서는 내가 꼭 마음에 들어서 모든 것을 덮고 사랑해주실까요?

02 우리가 서로의 단점을 볼 때 보완해주어야 할 부분이라고 생각하시나요? 어떻게 하는 것이 서로를 보완해주는 것일까요?

03 지역의 예배를 일으키기 위해 다른 교회(아! 이단은 말고요.^^)와 연합해서 모임을 구성해보실 마음은 없나요?

03
지극히 작은 지체를
소중하게 생각하세요

제가 대학생 때 즐겨 보았던 책이 '찬미'라는 선교단체에서 나온 소식지입니다. 그 당시 소식지를 만드신 분은 최용덕 간사님이셨는데, 이분의 순수하고 영감 있는 글을 읽노라면 깊은 감동이 있었고 시간 가는 줄 몰랐습니다. 그 가운데 아직도 기억에 남는 글이 있어 두 편을 소개해보려 합니다. 먼저 소개할 이야기는 1992년 2월 찬미 소식지에 실린 내용입니다.

좀 더 앉았다 가라는 성도님들의 사랑의 간청에도 불구하고 집에서 기다리는 가족들을 위해 금릉 봉곡 교회를 출발했습니다. 주님께서 함께하셨음을 감사하며 김천을 벗어나 경부고속도로에 올랐습니다. 그런데 얼마 지나지 않아 갑자기 운전석 아래에서 '타닥' 하는 둔탁한 소리가 들렸고, 불길한 예감에 우리는 고속도로변에 급히 차를 세웠습니다.

차를 점검한 형제가 "팬벨트가 끊어졌어요" 하고 말했습니다. 팬벨트는 엔진을 냉각시키며 차량전기 충전 역할까지 감당하는 중요한 부품입니다. 이제 막 김천을 벗어났기 때문에 대구까지는 100km 이상 남아 있었습니다. 몇몇 형제가 대책을 연구하는 동안 다른 형제들은 무려 1시간 가까이 고속도로에 나가 지나가는 차들을 세우려고 애썼습니다. 그러나 칠흑같이 어두운 겨울밤에 아무도 차를 세우려 하지 않았고, 간혹 기적적으로 한두 대의 트럭이 서주었으나 그들조차도 우리에게 아무런 도움을 줄 수 없었습니다.

"트럭은 사이즈가 맞지 않습니다. 같은 종류의 승합차를 세워야 합니다."

그 말에 앞이 캄캄해졌습니다. 수백 대의 차 가운데서 트럭 한 대도 겨우 세웠는데 차 종류까지 골라가며 세우라니……. 혹한의 매서운 겨울바람이 휘몰아치는 음산한 고속도로 위에서 우리는 미친 듯이 두 손을 흔들어대며 지나가는 차를 세우려 노력했습니다.

"안되겠습니다. 마지막 방법입니다. 자매들 가운데 누구 스타킹 있어요?"

마침 한 자매의 가방에 스타킹이 있었습니다. 형제가 차 밑으로 들어가 팬벨트 자리에 스타킹을 묶었습니다.

"자, 다들 타요! 가봅시다."

놀랍게도 차가 움직이기 시작했습니다. 밤 10시가 넘은 시각이었습니다. 시속 40~50km로 움직이긴 해도 차가 움직인다는 것이 고마워 다들 흥분했습니다. 그러나 얼마 못 가서 계기판에 적색 신호가 들어오고 헤드라이트 불빛이 희미해지기 시작했습니다.

"야단났네요. 배터리가 충전이 안 되고 있어요."

그래서 위험천만하게도 헤드라이트를 끈 채 심야 고속도로를 달릴 수밖에 없었습니다.

"으아악! 구미다, 구미!"

'구미 2km'라는 이정표를 발견하고 모두 환호성을 질렀습니다.

거의 11시가 다 된 시각이었습니다. 첫 주유소에 들어가 팬벨트 이야기를 하니 모두 고개를 저었습니다. 정비공장이나 부품가게를 찾아 사방을 헤맸지만 모두 셔터가 내려져 있었습니다. 결국 더 이상 움직일 수가 없어 모두 가까운 여관에서 하루를 묵어야 했습니다.

이튿날 조심스레 근처 수리점으로 차를 끌고 가 팬벨트를 갈아 끼웠습니다. 그리고 대구에 도착했습니다.

그러나 여전히 풀리지 않는 의문은 '주님께서 왜

우리에게 이번 일을 경험케 하셨는가' 하는 것이었습니다. 그즈음 우리 찬미는 상처가 곪아 터지고 있었습니다. 며칠 전 가족 중 한 명이 찬미를 스스로 떠나겠다고 조심스레 이야기한 터였습니다.

공동체 사역이란 참 힘든 것입니다. 개성도 다르고 성격이나 기질, 각자가 살아온 환경이나 나이, 신체적 조건, 역량이 다 다른 사람들이 열 명, 스무 명씩 함께 모여 한 목표를 위해 살아간다는 것이 얼마나 어려운 일입니까? 더욱이 세상 조직들을 결속시키는 주요 동기인 '돈'이라는 접착제도 '명예'라는 대가도 없습니다. 이런 공동체가 수년간 지속된다는 것은 '기적'입니다. 그 기적의 배후에는 그리스도의 사랑이 흐르고 있습니다.

그런데 찬미라는 공동체의 건물에 조금씩 금이 가고 있었습니다. 우리는 서로에게 요구하기 시작했습니다. 왜 나에게 이 정도 대접을 안 해주는가? 왜 당신은 이 정도밖에 되지 않는가? 왜 나의 이런 수고와 고생을 인정해주지 않는가?

우리는 군림하려들기 시작했습니다. 리더라는 이유로, 형이라는 이유로, 언니 오빠라는 이유로, 더 탁월하다는 이유로, 내가 더 선배이고 고참이라는 이유로……. 우리는 서로의 등에 채찍질을 하기 시작했습니다.

사랑도 따듯함도 없는 격렬한 요구를 쏟아내었습니다. 그만큼 시간을 줬으면 지금쯤 조금은 달라졌어야 하는 게 아니냐고, 왜 그 정도밖에 성장하지 못했냐고, 리더가 그 정도 리더십은 있어야 하지 않느냐고, 사역자라면 이 정도는 되어야 하지 않느냐고…….

우리는 한 사람이 하루아침에 천사가 되기를 기대했습니다. 우리는 어린아이가 하루아침에 성숙한 어른이 되기를 요구했습니다. 우리 공동체 안에서 한 사람을 두고 "쟤는 도저히 안되겠어! 정리합시다"라는 결정을 하게 되었습니다. "쟤는 그냥 두세요. 충고해도 안 먹히니까요" 하며 사랑의 자리와는 가장 반대편에 있는 무관심을 선택하기도 했습니다. 우리는 그 사람만 정리되면 분위기가 달라지리라는 사탄의 유혹에 동의한 것입니다.

그 한 사람이 늘 머물러 있던 찬미의 자리에서 '추방'하기로 서로 간에 묵시적 결정을 내린 그 주간, 우리는 김천 고속도로 상에서 그 끔찍한 경험을 뜨겁게⑦ 나누어야 했습니다. 대구 도착 후 한 형제가 낄낄거리며 이야기했습니다.

"팬벨트, 겨우 700원짜리 하나 때문에 우리가 그 고생을 했으니, 참."

저는 그 대답에 낄낄거리며 응수했습니다.

"겨우 700원짜리야?"

순간 커다란 망치로 뒤통수를 맞은 듯 거대한 충격을 느꼈습니다.

저는 집으로 돌아와 겨우 700원짜리를 묵상해야만 했습니다.

주님께서 제게 말씀하셨습니다.

"승합차가 요즘 얼마나 하니?"

"한 천만 원 정도 하겠죠, 뭐."

"팬벨트는 얼마나 하니?"

"700원이라네요."

"700원짜리 팬벨트라… 천만 원에 비하면 아무것도 아니구나! 0.007퍼센트네. 그것 없어도 되겠구나?"

"주님! 팬벨트가 얼마나 중요한 부품인지 아십니까? 그게 꼭 그 자리에 있어야 차가 굴러갑니다."

"그래! 비록 700원짜리지만 그 중요성과 가치는 엔진 못지않은 거야! 팬벨트가 거기 있는 것은 꼭 그 위치에 있어야 하기 때문이야. 스타킹으로 대신할 수 없어. 그 사람이 찬미에 있는 것은 내가 보냈기 때문이야. 이제 그 사람을 떠나보내기로 한 것을 취소해라!"

04

팔 하나가 속 썩인다고
팔 하나를 잘라내었습니다

앞의 글이 소개되고 8개월이
지난 1992년 10월호 찬미 소식지에는 다음과 같은 안
타까운 글이 실려 있었습니다. 우리 모두가 고민해봐야
할 글입니다.

한 지체를 쫓아내었습니다. 그녀가 스스로 "전 이
곳에 합당하지 않아요" 하고 물러난 것이기는 했
지만, 사실 우리 모두가 그녀를 쫓아낸 것이나 다
를 바 없습니다.
어릴 때 생모(生母)를 잃고 날마다 술주정과 고함과
싸움으로 지새우는 아버지와 살았고, 핍박하는 다

른 어머니와 배다른 형제들과 살아야 하는 치열한 환경 속에서 중학교도 겨우 나와, 공장을 전전하며 세상에서 버림받은 찌꺼기처럼 살아온 아이.

하나님의 은혜로 예수 그리스도를 그 인생의 주인으로 모셔 들이기는 했지만, 어릴 때부터 너무 오래 찌들고 상처 입고 시달려온 옛 성품의 쓴 뿌리 때문에 하루에 열두 번도 더 신음하며 옛 사람과 새 사람 사이에서 수없이 허덕대며 살아온 아이.

수없이 달래고 붙들어도 어디론가 도망쳐 가서는 어느 뒷골목에서 만취한 상태로 전화기를 붙들고 "죽고 싶어요. 난 인간이 안돼요. 난 가망이 없어요. 그런데 주님 때문에 죽지도 못해요"라고 울어 대던 아이.

그길로 맨발로 달려가 곁에 두면 나아질까 해서 찬미 가족으로 두었습니다. 그것이 2년여 전. 그녀에게도 행복했던 때가 있었습니다. 교회에서 아이들을 가르치며, 찬미 가족들과 함께 집회를 다니며 주님을 노래하고 함께 웃던 친구.

언제나 그녀는 할 일을 찾아서 한 치의 오차도 없이 마무리해놓고야 마는 알뜰한 살림꾼이었습니다. 그러나 그녀는 우리가 스스로 싸워야 하는 옛 성품과의 싸움을 열 배는 더 격렬하게 치르느라 늘 지쳐 있었습니다. 비록 인상을 찌푸린 채 사무실에 출근했어도 그 친구가 저렇게 살아 있다는 것만으로도 기뻤습니다.

그러나 우리는 그녀에게 '천사의 삶'을 요구했습니다. '상식'을 요구했습니다. '정상'을 요구했습니다. 자신조차 이겨내지 못해 제 마음 하나 겨우 가누는 아이에게 타인에 대한 배려와 헌신을 요구했습니다.

우리 가슴으로 따듯하게 안아주지 못했습니다.

"안되겠어요! 못 참겠어요!!"

"찬미 이미지 문제예요!"

"참을 만큼 참았다고요!"

"이래서는 안돼요!"

"남들이 뭐라 하겠어요?"

찬미에서도 세 번이나 도망갔던 녀석을 그때마다 다시 끌어안고 용납하고 참아준 우리였지만, 겨우 네 번을 못 넘기고 지쳐버렸습니다. 그래서 떠나겠다는 그녀를 놓아주었습니다. 기꺼이, 한마디 아쉬움도 없이 그녀는 떠나버렸습니다.

앓던 이가 빠졌습니다. 그녀가 떠난 이후 찬미에는 착하고 착한 새로운 사람이 들어왔습니다. 찬미 가족들이 속 썩이는 일도 없어졌고 분위기도 훨씬 좋아졌습니다. 날마다 벌이던 신경전도 없어졌고, 이제 찬미는 평화로워졌습니다.

그러나 찬미는 실패자입니다. 예수 사랑의 실패자입니다. 이런 평화는 세상 사람들도 만들 수 있고 누릴 수 있는 것입니다. 이런 식의 사랑은 세상 사람들도 할 수 있는 것입니다.

우리에게 그럴듯한 노래와 논리 정연한 신학적 지식과 떠벌리는 말은 있었을지 모르나, 간음한 여인과 배신자 베드로를 바라보시던 예수님의 따스한 긍휼의 눈빛과 따뜻한 가슴은 소유하지 못했습니다.

팔에 종기가 나고 상처투성이라고 그 팔을 잘라내 버린 우리는 실패자입니다. 그렇게 하고도 태연할 수 있다면 우리는 중병을 앓고 있는 영적인 환자들입니다. 예수 공동체는 문제아를 골라내고 구별해내는 곳이 아니라 함께 끌어안고 뒹굴며 그 안에서 부서지고 깎이고 다듬어지는 곳이며, 서로를 보충하고 짐을 나누어 져야 하는 곳입니다. 우리가 우리의 지체를 돌보지 않는다면 우리는 서로를 향해 형제니 자매니 지체니 하는 말을 쓸 자격이 없습니다. 오늘도 우리가 부르는 '예수 사랑' 노래가 공허한 노래일까 두렵습니다.

읽어보니 어떠신가요?

우리가 팀으로 사역을 할 때 중요한 일은 서로 용납하는 것입니다. 착각하는 것이 있습니다. 우리가 완벽해서, 죄를 좀 덜 지어서, 또 쓸 만해서 부르신 것이 아니라는 것입니다. 우리는 마음에 하나님 모시기를 거부하고, 본래 하나님을 배반한 죄인이며, 진노와 저주 아래 있었습니다. 우리의 아비는 마귀였고, 우리의 운명은 어떻게 살든 지옥행이었습니다. 결국 하나님의 하나밖에 없는 아들을 십자가에 못 박기까지 한 사람이 저와 여러분입니다. 그런데 하나님이 하나님을 배신하고 자신의 아들을 죽인 우리를 용서하신 것입니다. 그것이 복음입니다.

마귀의 하수인이었던 우리도 용납을 받았는데, 우리에게 잘못한 사람들을 용서해주고 우리가 보기에 자격 미달인 사람을 용납해주는 것은 하나님 보시기에 당연한 일입니다. 그것은 예수님이 가르치신 '주기도문'에도 잘 나와 있지 않습니까?

서로 용서하고 용납하는 것. 그것이 아버지의 뜻입니다. 기억하십시오. 예배팀은 연주 동아리가 아니라 서로 사랑하는 법을 훈련하는 공동체입니다.

우리는 서로 사랑을 훈련해야 합니다. 하지만 어느 지체가 공동체가 정해놓은 윤리적인 선을 넘어가거나 그로인해 공동체 안에 문제가 심화된다면 교회적인 치리는 반드시 필요합니다.

" 나누어봅시다 "

01 앞의 두 글을 읽은 소감을 서로 나누어봅시다.

02 우리 공동체는 예수님의 사랑의 법이 이끌어 가나
요, 아니면 세상의 법칙이 우리를 이끌어 가나요?

03 공동체에 문제가 생겼을 때는 적절한 성경적 치
리가 분명히 필요합니다. 우리 공동체에서 문제
가 발생할 경우 어떻게 하시겠습니까?

05

하나님이 원하시는
존재가 되어야 합니다

하나님께서 왜 우리를 팀으로 부르셨을까요? 우리는 이렇게 생각할 때가 많습니다. 하나님이 우리를 통해 아주 큰일을 이루실 것이라는 거죠. 물론 여러분을 통해 큰일을 이루실 것이라 믿는 것은 귀한 믿음입니다.

그런데요, 하나님은 우리가 일하기를 원하시는 걸까요? 인격적인 준비 없이 또 하나님을 만나는 경험 없이 예배팀에서 많은 일을 하기를 원하실까요? 하나님은 우리에게 어떤 일(Doing)을 원하시기보다 어떤 존재(Being)가 되기를 더 원하십니다. 큰 무대에 서는 것이나 음반을 내는 것 등의 일을 원하시는 것이 아니라 먼저 예수님과 교제하며 예수님을 닮은 존재가 되기를 원하십니다. 사실 어떤 면에서는 음반 내고 집회를 하는 일보다 더 어려운 것이 주님이 원하시는 존재가 되는 것입니다.

우리를 팀으로 부르셨을 때 한 사람 한 사람이 일로 분주하기보다는 어떤 존재가 되기 위해 다듬어져야 합니다. 그리고 자신의 인격을 점검하며 하나님의 도움을 구해야 합니다.

다시 「고린도전서」로 넘어갑시다. 12장에서는 신비하고 놀라운 은사를 다룬 다음 하나님 안에서 지체에 대해 설명하고, 그 뒤 13장에 가서는 이렇게 이야기합니다.

내가 사람의 방언과 천사의 말을 할지라도 사랑이 없으면 소리 나는 구리와 울리는 꽹과리가 되고 내가 예언하는 능력이 있어 모든 비밀과 모든 지식을 알고 또 산을 옮길 만한 모든 믿음이 있을지라도 사랑이 없으면 내가 아무 것도 아니요 내가 내게 있는 모든 것으로 구제하고 또 내 몸을 불사

르게 내줄지라도 사랑이 없으면 내게 아무 유익이
없느니라

「고린도전서」 13장 1~3절에 소개된 이 말씀은 영적
으로 매우 탁월한 사람을 말하는 것입니다. 신비한 방언
과 천사의 말을 하고, 예언하는 능력도 있어 모든 비밀
을 깨닫고 모든 지식을 압니다. 더군다나 믿음까지 좋은
사람이어서 산을 옮길 수 있는 믿음도 있습니다. 이에
그치지 않고 이웃을 위해 또 주님을 위해 모든 것을 구
제하고 자신의 몸을 불사르게 내어줍니다. 그러나 이렇
게 모든 것을 갖추었다 해도 사랑이 없다면 아무것도 아
니라는 것입니다.

이 말씀을 뒤집어본다면 역설적으로 사랑 없이도 위
의 놀라운 은사가 가능할 수 있다는 생각도 해봅니다.

예배팀을 부르신 목적은 큰 공연장에 서서 대중을 이
끌라는 부르심도 있을 수 있습니다. 예배팀을 부르신 목
적은 여러분의 교회에서 좋은 음악을 연주하고 예배를
통해 사람들을 섬기라는 부르심도 있습니다. 그런데 사

랑이 없다면 그것은 아무것도 아닙니다.

　우리는 예배팀으로서 음악을 훈련해야 하고, 성경 말씀도 많이 묵상하고 알아야 합니다. 그러나 그 위에 사랑을 배워야 하고, 사랑을 훈련해야 합니다. 이것이 「고린도전서」 13장에서 배울 수 있는 예배팀의 부르심입니다. 여러분이 먼저 하나님을 사랑하고 이웃을 사랑하는 것, 그것이 사역의 시작이며 완성입니다. 오늘 「고린도전서」 13장을 깊이 묵상해보시기 바랍니다.

" 나누어봅시다 "

01 나의 사역의 방향은 Doing을 좇았습니까, 아니면 Being을 좇았습니까?

02 「고린도전서」 13장에 나오는 사랑의 특징은 무엇입니까?

서로
소통하기

자매님들이 싫어하시겠지만, 이번에도 축구 이야기로 시작해보겠습니다. 월드컵 경기가 있을 때 중계방송 해설자로 나온 차범근 해설위원이 경기가 잘 풀리지 않는 팀을 위해 이런 해법을 내놓는 걸 들었습니다.

"경기가 풀리지 않으면 선수들끼리 서로 대화해야 합니다. 그렇게 해야 정상적인 경기가 될 수 있어요."

대화가 중요하다는 사실은 국가를 대표하는 경기에서도 예외가 아닌 것 같습니다. 언젠가 제가 섬기던 선교단체의 공동체 형제자매들을 위해 중보기도를 하려고 무릎을 꿇었습니다. 그런데 기도를 하려고 하는데 그들을 향한 구체적인 기도 제목이 떠오르지 않았습니다. 대략 생각나는 것을 기도했지만, 저는 그들의 구체적인 기도 제목을 몰랐습니다. 팀을 이끌고 있었고 목표대로 가는 것 같았으나 그들과의 대화가 부족했던 것입니다. 돌아보니 제가 너무 목표 지향적으로 팀을 이끌고 있었다는 것을 깨달았습니다.

그날 이후 팀원들과 대화하기를 힘썼습니다. 시간을 내서 밥을 사기도 하고, 함께 차를 마시러 가기도 하고,

공연을 보기도 하고……. 그렇게 하니 서서히 그들의 마음이 열려 기도 제목뿐만 아니라 살아온 이야기도 꿈과 희망도 함께 나누었습니다.

교회 안의 성도들과의 관계도 마찬가지였습니다. 일과 사역을 위한 대화를 주로 하다 보니 교회에서조차 일로써 성도를 만나게 되었습니다. 어느 순간 '내가 교회에 일하러 다니나?' 하는 고민에 빠졌습니다.

가족 간에도 그렇습니다. 우리나라의 가족 간 대화 시간이 평균 10분이 채 안 된다는 통계를 본 적이 있습니다. 그렇게 되면 가족에게 위기가 생깁니다. 대화가 적으면 예배팀도 위기가 생길 수 있습니다. 대화는 모든 관계의 기본입니다. 그래서 팀 커뮤니케이션이 중요한 것입니다.

01

잘 들어줍시다

깊이 있는 공부는 아니었지만 몇 년 동안 상담 공부를 해본 적이 있습니다. 저를 이해하는 데, 또 다른 분들을 이해하는 데 많은 도움이 되었습니다.

상담 공부를 시작하는 첫날 교수님께서 "상담을 할 때 상담자가 잘 들어주기만 해도 상담을 받는 내담자의 내면이 70퍼센트 정도 회복될 수 있다"고 말씀하시는 것이었습니다. 상담이 어떤 해법을 찾아주는 것으로만 생각하고 접근했는데 저로서는 놀라운 발견이었습니다. 제 경험을 봐도 상담해주시는 분이 제가 가지고 있는 문

제에 대해 잘 들어주기만 했는데도 응어리진 마음이 풀어지고 생각이 정리되는 것을 느꼈습니다.

경청이란 잘 들어주는 것입니다. 교회 다니는 분들은 말씀들을 참 잘하십니다. 또 성경 지식도 많다 보니 사람들이 아픔을 토로하면 잘 들어주기보다는 서둘러 해결책을 제시해주려는 경향이 있습니다. 그렇게 하면 사람들이 해결책을 얻을 것이라는 믿음⑵ 때문인가 봅니다.

그런데 생각해보아야 할 것은 해결책을 제시하기 전

에 먼저 잘 들어주는 것이 중요하다는 점입니다. 『신약성경』「야고보서」1장 19절에 "듣기는 속히 하고 말하기는 더디 하며 성내기도 더디 하라"는 말씀이 나옵니다. 그런데 우리 똑똑한 기독교인들은 이 말씀을 잘 알면서도 말씀을 반대로 적용할 때가 많은 것 같습니다. 듣기는 더디 하는데 말하기는 속히 하며, 성내기는 5G급으로 하는 것이지요. 교회 안에서, 예배팀 안에서 서로 잘 들어주어야 합니다.

제가 존경하는 이기복 교수님이 『성경적 부모교실』에서 경청하는 태도에 대해 몇 가지 지침을 알려주셨는데, 여기에 올려보겠습니다.

1) 이야기하는 상대방의 눈을 봅니다.

2) 진심으로 듣습니다.

3) 고개를 끄덕여줍니다.

4) 서두르거나 재촉하지 않습니다.

5) 판단이나 선입견을 가지지 않습니다.

6) 다음 할 말을 미리 생각하지 않습니다.

7) 다음과 같은 피드백을 사용해 봅니다. "그렇구나!", "그랬어?", "정말", "저런", "으응", "세상에", "무지 속상했겠다!", "정말 화났겠다." [02]

제가 경청을 공부하며 기특하게도 이런 글귀를 생각해냈습니다.

"경청은 달변보다 더 강하다!"

여러분, 하나님도 여러분의 말을 경청해주실까요? 그렇습니다. 여러분의 말을 경청하고 계십니다. 경청의 원리를 만드신 분도 하나님이시니 당연히 잘하십니다. 하나님은 우리의 기도를 소중하게 생각하시고 응답해주십니다. 그러니 제발 기도의 자리로 나아가십시오.

---

02) 이기복, 『성경적 부모교실』, 두란노, 2005, p. 142.

02

마음을 읽어줍시다

팀 커뮤니케이션에서 중요한
또 다른 한 가지는 공감입니다. 공감이란 무엇일까요? 공
감은 감정과 마음을 읽어주는 것입니다. 이 사람이 왜 이
런 말과 행동을 했는지 마음을 읽어주는 것입니다.

사람마다 그 말을 하는 이유가 다 있기 마련입니다.
그런데 우리는 그 말을 액면 그대로 듣고 그 속에 담긴
마음을 읽지 못해서 문제가 생길 때가 있습니다. 마음
을 읽어주는 것이 중요합니다. 「로마서」 12장 15절 "즐
거워하는 자들과 함께 즐거워하고 우는 자들과 함께 울
라"는 감정을 공유하라는 메시지입니다. 공감의 원리를

잘 보여주는 말씀입니다.

정신과 의사로서 소외되고 아파하는 사람들을 도와주고 계시는 정혜신 선생님은 『당신이 옳다』라는 책에서 공감에 대해 이해하기 쉽게 써놓았습니다. 사람의 마음에 관심이 있는 분들은 읽어보시기를 권합니다.

이 책에서는 공감의 힘에 대해 이렇게 소개하고 있습니다.

> 사람의 마음을 움직이는 힘, 상처 입은 마음을 치유하는 힘 중 가장 강력하고 실용적인 힘이 공감이다. 가장 빠르고 정확하고 효율적이다. 공감은 수십 년간 천문학적인 연구비를 투입하여 최첨단 의학, 약학, 뇌 과학, 생리학, 유전학, 생물학 등의 연구 방법론을 통해 개발된 어떤 항우울제보다 탁월하다. 동시에 그런 약물과 다르게 부작용도 전혀 없다.[03]

또 공감할 때 우리가 생각해야 하는 것 몇 가지를 제안하고 있는데, 그중 하나를 소개해보겠습니다.

---

03) 정혜신, 『당신이 옳다』, 해냄출판사, 2018. p. 116.

공감은 그저 들어주는 것, 인내심을 가지고 들어주는 것이 아니라 정확하게 듣는 일이다. 정확하게라는 말은 대화의 과녁이 분명히 존재한다는 뜻이다. 공감에는 과녁이 있다. 과녁에서 멀어지는 대화는 지리멸렬해진다.[04]

과녁을 맞히지 않은 채 그냥 흘러가는 얘기는 아무리 많은 시간을 투자해서 들어줘도 상대에게 도움이 되지 않는다.[05]

제가 배운 것을 알려드리면 공감을 하기 전에 중요한 것이 하나 있습니다. 감정을 감정으로 받아주고 윤리적인 잣대를 먼저 들이대지 말라는 것입니다. 이것은 정말 중요합니다. 감정을 감정으로 받아줘야지 윤리적인 잣대나 성경적인 잣대를 먼저 들이대면 아무도 자신의 감정을 정직하게 이야기하지 못할 것입니다. 오히려 더 음

---

04) 정혜신, 『당신이 옳다』, 해냄출판사, 2018, p. 132.
05) 정혜신, 『당신이 옳다』, 해냄출판사, 2018, p. 134.

지로 가는 경우가 있습니다.

이 점은 예를 들어 설명하는 것이 좋을 듯합니다.

첫째 이야기

제 대학 동창 중에 목사님의 외동딸로 자란 친구가 있습니다. 그 친구의 아버님은 지병을 앓고 계셨는데, 어느 날 몸에 이상이 생겨 응급실로 가던 도중 아파트 엘리베이터 안에서 그만 딸의 품에 안겨 급사하셨다고 합니다. 그 친구는 그날 이후로 몇 년 동안 엘리베이터를 탈 수 없었다고 고백했습니다.

친구 아버님의 장례식장에 가보니 친구는 갑작스럽게 찾아온 슬픔에 너무 울어 눈이 퉁퉁 부어 있었습니다. 그런 친구의 얼굴을 마주한 저는 말주변이 없어서 많은 위로를 하지는 못했습니다. 다만 그 친구의 마음을 이해하려고 이야기를 들어주었습니다. 어설프게 말로 위로하는 것보다는 그냥 같이 울어주는 것이 더 위안이 될 것이라 믿었기 때문입니다.

그런데 저보다 늦게 장례식장을 찾은 대학 후배 전도

사가 그 친구를 보며 이렇게 말하는 것이었습니다.

"누나, 아버님은 좋은 하늘나라로 가셨으니 너무 슬퍼 마세요."

기독교인으로서는 당연하다고 할 수 있는 말이었지만, 그 이야기를 듣는 순간 마음이 썩 좋지 않았습니다. 그것은 공감이 담기지 않은 사역자로서의 말이었습니다. 그의 말은 공허했습니다. '자신의 부모가 하늘나라에 가셔도 저렇게 말할 수 있을까' 하는 생각이 들었습니다.

그 전도사는 조문을 끝내고는 지체하지 않고 가버렸습니다. 저는 그 후배의 뒷모습을 물끄러미 쳐다보며 "그럼 그렇게 좋은 천국, 너나 빨리 가든가!" 하고 말했습니다. 물론 속으로 말했습니다. 제가 소심해서…….

그 후배가 틀린 말을 한 것은 아닙니다. 그 나름의 위로였겠지요. 그러나 제 친구는 아버님이 천국에 가지 못해서 슬픔에 잠긴 것이 아닙니다. 아버님이 갑자기 자신을 떠난 것에 대한 놀라움과 허탈감, 당혹스러움, 다시는 이 땅에서 뵐 수 없다는 아쉬움 그리고 가족을 떠나보낸 사람만이 아는 설명할 수 없는 고통 때문에 울 수밖에 없었습니다. 아쉽지만 후배 전도사는 가족을 떠나보내 슬픔에 빠진 사람의 심정에 공감하지 못했고, 그 결과 대화의 과녁에서 멀어지고 만 것입니다.

둘째 이야기

A권사님과 B집사님은 부부이십니다. A권사님은 신앙생활을 열심히 하시는 분이었습니다. 반면 B집사님은 건실한 회사의 부장으로 신앙생활을 열심히 하지는 못하지만 그래도 교회 생활에 시간을 많이 내려고 하는 분이었습니다.

어느 날, B집사님이 퇴근하고 집에 들어왔는데 화가 잔뜩 나 있었습니다. 씩씩거리던 집사님은 소파에 앉자마자 이렇게 퍼부었습니다.

"김 사장 그 자식 때문에 회사를 때려치워야겠어! 원, 사람을 그렇게 몰아세우다니! 일도 잘 못하고 아랫사람 부릴 줄만 아는 놈이!"

이 말을 듣던 A권사님은 남편을 노려보다가 이렇게

말했습니다.

"당신 집사 맞아? 어떻게 집사의 입에서 그런 말이 나와? 성경에 뭐라고 했어? 원수를 사랑하라고 했잖아! 당신 상사도 사랑하지 못하면서 무슨 원수를 사랑해? 당신이 그리스도인이야? 집사를 뭣 하러 해? 그리고 요즘 큐티 제대로 안 하지? 그러니까 그런 소리를 하지! 영성이 글러 먹었어!"

이 말을 들은 B집사님은 어떤 반응을 보이셨을까요? 성경의 표현대로 옷을 찢고 재를 뒤집어쓰고 회개했을까요? 아닙니다. 권사님에게 이렇게 말했다고 합니다.

"너 잘났다! 너나 열심히 믿어라!"

권사님이 틀린 말을 한 것은 아닙니다. 그러면 무엇이 빠졌나요? 네, 공감이 빠졌습니다. B집사님은 몹시 화가 나서 들어왔습니다. 그럼 이야기를 경청해주고, 왜 화가 났는지 마음을 읽어주고, 감정을 감정으로 받아주었어야 합니다. 그런데 섣불리 성경적인 잣대, 윤리적인 잣대를 먼저 갖다 댄 것입니다. 이 일로 결국 부부관계가 더 소원해졌다고 합니다.

이럴 때는 어떻게 해야 할까요? 일단 B집사님이 집에 오자마자 왜 그런 이야기를 꺼냈는지가 중요합니다. B 집사님은 아내에게 위로를 받고 싶었을 것입니다. 힘든 사회생활에서 아내만이라도 내 편이 되어주기를 바랐던 것이지요.

그럴 때 지혜로운 아내는 일단 정답을 뒤로하고 남편의 입장에서 공감을 해줍니다.

"아, 당신 많이 힘들었을 것 같아요! 많이 힘들죠?"

"우리 때문에 당신이 너무 고생이 많네요. 고마워요!"

이렇게 마음을 먼저 읽어주어야 합니다.

조금 더 적극적으로 이렇게 공감을 해줄 수도 있습니다.

"아휴! 그 말을 들으니 당신이 너무 힘들었겠다. 그런 사장 아래서 일하느니 당장 때려치워! 내가 당신 먹여 살릴게. 그런 회사 다니지 마!"

이렇게 이야기하면 남편이 회사를 그만둘까요? 아니요, 내 편인 아내를 위해 더 노력할 것입니다. 남편의 이야기를 잘 들어주고 위로하고 난 뒤에도 얼마든지 정답을 이야기할 수 있습니다. 그런데 그 순서가 바뀌면 남편들은 또 다른 공감을 받으러 다른 사역자를 찾아간답니다. 바로 마담 사역자!

남자들이 왜 술집에 갈까요? 거기에는 자신의 입장에서 공감해주고 대변해주는 마담 사역자가 있기 때문입니다. 마담 사역자는 같이 욕도 해주고 내 편이 되어줍니다. 왜 그럴까요? 술을 더 팔기 위해서지요. 외로운 남자들은 집안에서 예수 잘 믿는 잘난 사모님보다 자기 마음을 알아주는 사람에게 가기 마련입니다.

셋째 이야기

제가 섬기던 공동체에서 인도네시아 단기선교를 다녀왔습니다. 그런데 선교를 다녀온 지 얼마 지나지 않아 C자매가 인터넷 카페에 글을 올렸습니다. C자매는 저와 나이 차이도 많았고 모임의 리더였던 저를 부담스러워했습니다. 모임에 온 지 1년이 넘도록 제 눈을 마주 보고 이야기하지 못할 정도로 소심했습니다.

나중에 들은 이야기로는 남들이 이해할 수 없는 어려

운 삶을 살았다고 합니다. 그래서 마음에 상처가 많았고 대인관계가 힘들었던 것입니다.

이 친구가 올린 글은 자신을 둘러싼 환경과 신세를 한탄하는 내용이었습니다. 그 글을 본 우리 모임의 선교팀 장님이 이렇게 댓글을 달았습니다.

"인도네시아에 갔을 때 만난 아이들을 생각해봐! 너보다 더 어려운 삶을 살고 있어. 너는 지금 삶에 감사했으면 해!"

저는 그 댓글을 읽자마자 카페 주인의 특권으로 지워버렸습니다. 이유는 간단했습니다. 이제 막 사회성이 생겨나기 시작한 자매가 자신을 표현하는 글을 올린 것만으로도 사실 대견스러운 일이었습니다. 또한 글을 올린 이유는 우리 공동체에서만은 이해와 용납을 받고 싶었기 때문입니다. 그 마음 깊은 곳에는 누군가가 자신을 있는 모습 그대로 받아주었으면, 내 편이었으면 하는 바람이 있었던 것입니다.

정곡을 찔러서 정신 차리게 하는 말이 필요 없다는 것은 아닙니다. 하지만 그런 말도 다 때가 있습니다. 저는 그 자매의 글에 대략 이런 내용의 댓글을 달아주었습니다.

"너는 우연히 이 땅에 온 사람이 아니야. 너를 향한 주님의 계획이 있어! 그래서 우리에게 보내셨지. 너는 우리에게 소중한 존재고 꼭 필요한 사람이야. 많이 힘들지? 같이 힘들어 하자! 다 이야기해! 우리가 도와줄게. 너 잘하고 있어! 내가 너의 삶을 위해 꼭 기도할게. 우리 공동체에 너라는 사람을 보내주셔서 감사하다!"

그날 밤 늦게 문자 하나가 도착했습니다.

"간사님! 감사해요!"

제가 C자매의 마음을 읽어준 것입니다. 물론 제 댓글 때문만은 아니었겠지만, 그 후 C자매는 공동체에서 잘 성장해서 제게 장난을 칠 정도로 밝아졌습니다. 지금은 책임감 있는 성인으로 살아가고 있습니다.

넷째 이야기

저희 공동체에는 비교적 어린 나이에 전도사님과 결혼한 사모님이 계셨습니다. 보통 사모님 하면 어느 정도 나이도 있고 중후한 분이 떠오르는데, 20대 중반의 이 꽃다운 사모님은 피부도 곱고 아리따웠으며 순수했습니다. 그래서 이 사모님이 우리 공동체의 인터넷 카페에 올린 다음 글은 더욱 충격적이었습니다.

"저는 왜 밤마다 야동이 보고 싶은 거죠? 미치겠습니다. 제가 너무 정욕적으로 살아가나 봐요!"

정말 전도사 사모님이 올린 글이라고는 믿기지 않는 내용이었습니다. 일반 교회 홈페이지에 올렸다면 일이 커져서 전도사님의 사임으로도 이어질 수 있었을 것입니다. 달리 생각하면 이런 글을 스스럼없이 올릴 수 있었던 우리 공동체는 그래도 건강한 공동체였던 것 같습니다.

이 글에 대해 어떤 반응이 올라올까 궁금했습니다. 혹시 "사모로서 그러시면 안 됩니다", "전도사님과 교회를 위해 철야기도 해야 할 시간에 야동이라뇨", "금식해보세요. 정욕 따윈 사라집니다" 하는 글이 올라오지 않을까 조마조마했습니다. 그런데 다행히 그런 글은 올라오지 않았습니다. 그래도 애교스럽게 올린 글이 "기도할게요!" 정도였습니다.

사모님이 글을 올린 것은 정죄를 받으려고 한 것이 아닙니다. 자신의 연약함을 고백하는 동시에 끊고 싶은데 자신이 없고 괴로워서 기도해달라고 손을 내민 것입니다. 혼자 싸우다 보니 안 돼서 그런 것이었죠. 사모로서 그런 생각과 행동을 해서는 안 된다는 것을 누구보다 본인이 잘 알고 있었을 것입니다.

저는 그 글에 어떻게 댓글을 쓸지 고민했습니다. 자칫 이런 글을 올려놓고 창피해서 또는 상처를 받아 우리 공동체를 떠날 수도 있었습니다. 어떻게 글을 써야 할까요? 공감한답시고 "같이 봅시다!!" 뭐 이러면 큰일 나겠죠?

저는 팀을 대표하는 리더로서 이런 글을 남겼습니다.

"싸모님! 저도 야동 보고 싶을 때 많아요!^^ 그것은 싸모님 육체가 건강하다는 증거예요!"

다행히도 제가 이 글을 올린 후 "팀 리더가?", "모두 타락했군", "정욕이 넘치는 공동체야" 하는 댓글은 없었습니다. 우리 공동체는 제가 어떤 의도로 댓글을 달았는지 잘 알고 있었습니다.

공감과 이해 때문이었을까요? 감사하게도 이후 사모님은 팀을 떠나지 않고 계속 함께 갈 수 있었습니다.

다섯째 이야기

제가 아는 D형제가 사랑하던 사람과 헤어졌습니다. 그
땐 제가 연애 경험이 없어서(29세 때 처음 미팅을 해봤습니다. 저
는 정 바울이 되고 싶었답니다) 제게 찾아온 D형제를 잘 도와주
지 못했습니다. 이 형제는 선교한국에 참석했다가 선교
사가 되기로 결단한 선교 헌신자였습니다. 그런데 애인
과 헤어진 뒤 그는 너무도 초라하게 변해버렸습니다. 처
음엔 위로를 했지만, 점점 그를 바로 세워야겠다는 생각
이 들었습니다.

그는 애인이 떠난 것에 너무 실망한 나머지 이렇게 말
했습니다.

"형, 난 그 아이를 임신시키고 싶어요!"

저는 기절하는 줄 알았습니다. 그리고 정신 차리라고
호되게 야단치며 "너는 마귀에게 속고 있다"고 말했습
니다. 그 일이 있고 난 뒤로 몇 년 동안 그는 제게 연락
을 하지 않았습니다. 헤어짐에 대한 상실감과 저의 몰이
해에 대한 서운함, 창피함 등이 있었겠지요.

30세가 넘어 첫 연애를 시작한 저로서는 미숙한 점이

많았습니다. 결국 저도 첫 연애 때 이별의 아픔을 경험했고, 그제야 저를 찾아와야 했던 D형제의 마음이 제대로 이해되었습니다. 그리고 그에게 그렇게 모질게 말한 것이 미안했습니다.

우리 공동체에 E형제가 있었는데, 이 형제도 애인과 사귀다가 일방적인 이별 통보를 받고 헤어진 뒤 눈물의 시간을 보냈습니다. 저는 밥도 잘 못 먹는 그를 불러내 죽을 사주며 이야기를 들어주었습니다. 그런데 이 친구도 D형제와 비슷한 이야기를 하는 것이었습니다.

"전도사님, 저는 그 아이를 임신이라도 시키고 싶었어요."

신실한 그가 그런 말을 하는 데 적잖이 놀라기도 했지만, 그의 마음을 이해했기에 공감을 해주었습니다.

이럴 때는 어떻게 공감을 해야 할까요? "그래, 잘 생각했다. 네가 감옥에 가더라도 우리나라가 저출산 국가니까 너라도 기여해야지. 너는 애국자가 될 수 있어!" 하고 말해줘야 할까요?

저는 E형제에게 침착하게 이야기했습니다.

"그만큼 그 자매와 함께하고 싶다는 이야기지? 그렇게 허무하게 떠나보낼 수는 없다는 마음이지? 네가 그런 마음이 드는 건 그 자매가 너를 사랑한 것보다 네가 그 자매를 더 사랑해서야."

이렇게 저는 그의 사랑을 인정해주었습니다.

남녀가 헤어질 때는 모진 말도 합니다. E형제 역시 그녀와 헤어질 때 모진 말도 듣고 일방적으로 이별 통보를 받았다고 합니다. E형제가 정말 그녀를 임신시키고 싶었다기보다는 그렇게 해서라도 붙잡고 싶다는 마음의 표현이었을 것입니다. 그녀를 사랑한다는 그의 표현이었습니다. 저는 그 언어 뒤에 있는 그의 마음을 읽었던 것입니다. 그랬더니 그 자리에서 통곡을 하고는 그제야 마음이 좀 풀렸는지 죽을 먹기 시작했습니다.

우리는 너무 성급하게 해답을 주려고 할 때가 많습니다. 사람들이 자신의 마음을 이야기하거나 문제를 쏟아놓을 때는 답을 몰라서 그러는 경우는 드뭅니다. 해답을 얻기 위해서가 아니라 자신의 마음을 알아주기를 바라며 말하는 경우가 더 많지요.

하나님도 우리의 마음에 공감을 하십니다. 그분은 우리가 찾기 전에 이미 문제를 알고 계십니다. 그리고 넓은 마음으로 우리의 마음을 이해하십니다. 아무도 이해해주지 않을 때도, 사람들이 다 떠날 때도 주님만은 우리 곁에 남아 계십니다. 주님만은 이야기를 다 들어주시고 내 마음을 위로해주십니다. 주님께 나아가 마음을 드려보십시오.

우리도 다른 사람의 이야기를 잘 듣고, 왜 그 말을 하는지 생각해보고, 먼저 마음을 읽어주어야 합니다. 많은 말과 옳은 말로 사람이 변화될 때도 물론 있지만, 아무리 옳은 말을 많이 들어도 마음이 먼저 만져지지 않으면 변화가 일어나지 않습니다. 사람의 마음을 어루만져줄 때 비로소 변화가 일어납니다.

" 나누어봅시다 "

01 다른 형제 또는 자매와 일대일로 이야기를 들어주
는 시간을 가지십시오. 경청 훈련을 하는 것이니
그냥 들어주세요. (제한시간 10분)

02 마음을 읽어주시고 적극적으로 공감해주세요.
최근 교회나 삶의 터전에서 힘들었던 일을 주제
로 이야기를 나누세요. (제한시간 10분)

03

칭찬을 해봅시다

사실 저는 칭찬과는 거리가 먼 사람이었습니다. 제 어머니는 제가 어릴 때 고등학교 교사를 하셨습니다. 그런데 저는 특별히 잘하는 게 없었고, 그런 제가 선생님인 어머니의 마음에 들었을 리 없을 것입니다. 그래서 저는 늘 지적에 익숙했습니다. 아버지 세대의 어른들이 거의 그렇듯 제 아버지도 마음을 표현하는 데 미숙하셔서 늘 지적만 하셨을 뿐 저를 칭찬해주신 기억이 없습니다.

칭찬을 많이 받고 자란 사람이 아닌 까닭에 저 또한 주변 사람들에게 칭찬을 하기보다는 부족한 것을 지적하는 사람이었습니다. 그래서 저와 동역하는 사람들의 마음을 상하게 하는 일도 있었습니다.

그런 저를 두 분이 바꾸어주셨습니다. 두란노서원의 한은경 권사님(어머니학교 교장)과 이기복 교수님(가정상담연구원장)입니다. 두 분은 제가 작은 일을 잘해도 그때마다 늘 칭찬을 해주셨습니다. 이를테면 이런 겁니다. 세미나 준비로 테이블 세팅을 하면 "석찬 씨가 세팅하니 너무 멋지다", "남자가 이런 감각이 있었네?" 하십니다. 또 찬양 인도를 하면 "석찬 씨의 찬양은 너무 감격스러워. 기름부음이 넘쳐", "아유! 정말 귀하다" 하셨습니다.

저는 이런 칭찬이 처음에 한두 번 정도 베풀어주는 립 서비스인 줄 알았습니다. 그런데 그 칭찬은 여러 가지를 아우르며 계속 이어졌습니다. 2년여 동안 그런 칭찬과 격려를 받으니 저도 모르게 바뀌어 있었습니다. 어느 순간 다른 사람의 긍정적인 면을 보고 격려하고 칭찬하는 사람으로 변해 있었던 것입니다. 그러다 보니 제 주변에 사람들이 모이기 시작했습니다. 시간이 흘러 저는 100여 명이 넘는 공동체를 이끌게 되었습니다.

지금은 그 공동체를 하지 않지만, 그 공동체 출신 지체들의 이야기를 들어보면 가장 많이 나오는 단어가 '사랑의 공동체'였습니다. 그만큼 변화된 제가 공동체 안에서 칭찬과 격려로 사랑을 흘려보내는 사람이 되었던 것입니다.

많은 사람이 교회에서조차 칭찬과 격려를 받지 못하며 살고 있습니다. 삶의 터전에서도, 일터에서도 좋은 이야기를 듣지 못해 자존감이 떨어질 대로 떨어진 사람들이 마음의 힘을 얻어야 할 교회에서조차 계속 지적을 당하며 살고 있는 것입니다.

제가 어릴 때 다녔던 교회의 목사님도 계속 지적만 하셨습니다. 하도 많이 지적하셔서 하나님도 지적만 하시는 분인 줄 알았습니다. 그래서 기도할 때도 회개는 하지만 하나님과 적당한 선을 유지했습니다. 그러던 제가 칭찬을 듣고 나서 새로운 하나님을 경험하게 되었습니다. 칭찬해주시고 격려해주시는 하나님! 그 하나님을 경험하고 난 뒤 저의 예배가 더 풍성해졌습니다. 기쁨이 넘쳤습니다.

이런 말이 있습니다. "남자들을 움직이는 것은 칭찬이라는 엔진이다." 제 경험상 이것은 100퍼센트 맞는 말입니다.

언젠가 『갈대상자』(두란노)를 저술하신 김영애 권사님과 함께 식사를 한 적이 있습니다. 식사 도중에 권사님이 남자들이 얼마나 칭찬을 좋아하는지 경험담을 이야기해주셨습니다.

"제 아들이 아주 어렸을 때 잘 놀다가 그만 동전을 삼켰어요. 애가 숨이 막혀서 얼굴이 파래지더군요. 온 가족이 놀라 아이 등을 두드리기도 하고 거꾸로 들기도 했는데 동전이 나오지 않는 거예요. 그런데 어찌어찌해서 다행히 동전을 토해내게 했어요. 온 가족이 아들을 보며 잘했다 칭찬했지요. 그랬더니 이놈이 칭찬을 더 받고 싶어서 동전을 다시 삼킨 거예요. 남자들은 애나 어른이나 칭찬에 목숨을 걸죠."

제가 두란노서원에 다닐 때의 일입니다. 퇴근하고 집에 와 식사를 마친 뒤, 피곤하지만 소매를 걷고 설거지를 했습니다. 아내의 격려와 칭찬을 은근히 기대했던 것이지요. 그런데 "설거지를 하루 종일 하네. 속도 좀 올려요!" 하는 아내의 말에 그만 기분 좋게 시작한 설거지를 그만두고 싶었던 기억이 있습니다.

한번은 아내가 외출한 사이에 청소를 열심히 해서 집안에 광(光)을 냈습니다. 아내가 돌아와서 칭찬해주기를 은근히 기다렸는데, 아내는 오히려 잔소리를 했습니다.

"이왕 하는 것 욕실도 좀 하지 욕실은 왜 안 했어? 장롱 옷들도 좀 정리해요!"

제 딴에는 고생고생해서 청소했는데 알아주기보다 타박을 하니 다음부터는 하고 싶지 않더군요.

"잘했어요. 고생했네. 집안에 생기가 도는데요!"

이런 말 한마디만 해주면 일 년 내내 저를 부려 먹을 수 있었을 텐데 말입니다.

기도시간에 저는 이렇게 기도했습니다.

"주여! 저 사모님이 제게 보내려고 계획하셨던 사모님이 맞습니까?"

남자든 여자든 칭찬은 그 사람을 움직이는 엔진과 같습니다.

2019년 3월 초에 저는 교회를 개척했습니다. 아직 작은 공동체입니다. 그동안 예배를 드리고 돌아가기 바빠서 서로 깊은 교제를 못 나누었는데, 한 강사님이 오셔서 우리 교회에 부족한 부분을 설교해주셨습니다. 그래서 곧바로 실습을 했지요. 바로 '서로 칭찬하기'였습니다. 강사님은 칭찬할 때 있는 그대로 칭찬하고 부정적인 언어는 섞지 말라고 하셨습니다. 우리는 서로 눈에 불을 켜고 생각을 모아 한 사람 한 사람 집중하며 칭찬을 했습니다.

효과는 아주 좋았습니다. 어색하고 서먹했던 부분들이 눈 녹듯이 사라졌습니다. 저와 우리 교회 식구들에게 많은 격려와 위로가 있었습니다. 또한 자존감과 기분이 상승하는 효과도 얻었습니다.

이제 교회에서 칭찬과 격려를 시작해보세요. 누군가는 살아갈 힘을 얻고, 또 누군가는 용기를 가지게 됩니다. 더 나아가 공동체가 달라집니다.

" 나누어봅시다 "

01 먼저 종이를 준비해서 나 자신을 칭찬하는 이유 20가지를 적어보세요. 다 적은 뒤 발표해보세요.

02 인원이 많지 않으면(7명 내외) 한 사람을 가운데 두고 한 사람씩 돌아가며 칭찬을 해주세요.

예배
점검하기

01

눈먼 자가 눈먼 자를
인도하다니!

언젠가 제가 모 신문사와 예배 및 예배 사역에 관한 인터뷰를 했는데, 그 기사가 알려져 CBS(기독교 방송국)에서 연락이 왔습니다. 저는 약 20분 정도 대담하는 라디오 프로그램에 단독으로 출연하게 되었습니다. 그 프로그램의 아나운서가 이렇게 질문을 했습니다.

"한국 교회에 예배팀도 많아지고 예배 스타일도 전통적인 예배에서 현대적으로 많이 바뀌었는데, 왜 교회는 변화와 부흥을 경험하지 못하는 것일까요?"

그 질문에 저는 두 가지로 답을 해드렸습니다.

"여러 원인이 있겠으나 예배 사역적인 측면에서 두 가지 근본적인 원인이 있다고 생각합니다. 첫째는 예배 인도를 하는 예배팀의 문제입니다. 물론 예배 인도는 성령께서 하십니다. 그 전제를 깔고 보아도 앞에 서 있는 예배팀 본인들이 어떤 정체성을 가져야 하고, 어떻게 인도해야 하는지 모르는 경우가 매우 많은 것 같습니다. 예배가 무엇이며 어떤 모습으로 나아가야 하는지도 모르고, 예배곡이 어떻게 사용되어야 하는지도 모른 채 리듬이나 코드 몇 가지 연결되는 정도의 송리스트로 인도한다는 것입니다. 인도자는 그 길을 가본 사람입니다. 하나님의 보좌 앞에 나아가 그분께 경배하는 것이 예배라고 할 때 보좌 앞으로 나가본 경험이 없는 사람들이, 하나님을 만나본 경험이 없는 사람들이 인도를 하니 어떻게 성도들을 하나님 앞으로 데려가겠습니까? 가보지 않은 길을 어떻게 잘 안내하겠습니까? 예수님의 표현을 빌리자면, 시각장애를 가진 사람이 길을 인도하는 것과 같지 않겠습니까?

교회들을 살펴보면 아직도 교육과 훈련이 안 되어 있는 팀들이 많습니다. 그저 악기를 좀 다룬다고 세워진 분들이 많죠. 예배를 인도하는 일은 먼저 하나님 앞에서 하나님을 경험해야 하는 것입니다. 경험한 하나님을 회중들과 함께 예배해야 하는데, 예배 인도를 하는 예배팀 대부분이 교회 안에서 밴드 활동을 할 뿐 하나님을 잘 모릅니다. 또 간단한 기도만 할 뿐 매일의 삶으로 하나님 앞에 나아가지 않습니다. 그러다 보니 성도들이 하나님께로 나아가게 도와야 하는 예배팀이 오히려 방해를 할 때가 많고, 그 결과 하나님께서 하실 수 있는 일이 일 어나지 않을 때도 있습니다.

둘째는 예배에 참여하는 회중의 문제입니다. 회중 역 시 예배가 무엇인지, 또 예배를 어떻게 해야 하는지, 무 엇보다 그들이 예배하는 하나님이 어떤 분인지에 대한 교육과 훈련이 전혀 안 되어 있습니다. 회중은 주일날 교회에 나와 앉아 기독교 노래를 하고 설교를 들으면 예 배가 이루어졌다고 생각합니다. 주일날 예배당에 나오 면 예배했다고 생각하고, 헌금하면 성도의 의무를 다했 다고 생각합니다. 하나님을 갈망하는 마음 없이, 또 아 무런 준비도 없이 그냥 예배에만 참여하니 아무 일도 일 어나지 않습니다. 예수님이 「마태복음」 15장에서 맹인 이 맹인을 인도하면 둘 다 구덩이에 빠지리라 하셨는데, 마치 요즘 예배팀과 성도들을 보는 것 같습니다. 예배팀 과 마찬가지로 회중을 대상으로 한 예배 교육이 필요한 이유입니다."

02

당신의 예배를
몇 번이나 받으실까요

고등학교 시절, 교회에서 예배를 마치고 소그룹 모임을 하는데 선생님이 한 가지 질문을 하셨습니다. 그때는 잘 몰랐는데, 그 질문이 지금까지 저의 사역에 많은 영향을 끼쳤습니다. 그리고 지금까지도 줄곧 저를 되돌아보게 하는 질문이 되었습니다. 이 글을 읽고 있는 당신에게도 도전하고 싶습니다.

선생님의 질문은 이것이었습니다.

"너희들은 일 년에 52주 예배를 한다. 과연 그 예배를 하나님이 몇 번이나 받으실까?"

일곱 명 남짓한 저와 친구들은 선생님의 질문에 손을 들기 시작했습니다.

"52회를 다 받으신다. 손들어봐!"

아무도 손을 들지 않았습니다.

"40회는 받으실 거다. 손!"

역시 아무도 들지 않았습니다.

"30회!"

이번에도 우리는 손을 들 수 없었습니다.

왜냐고요? 어떻게 해야 하나님이 우리의 예배를 받으시는지 몰랐으니까요!

우리는 예배에 대해 교육을 받은 적이 없었습니다. 그저 교회에 나와 기독교 노래를 부르고, 목사님이나 전도사님의 설교를 듣고, 그저 목소리를 크게 해서 간절히 기도하면 받으시는 줄 알았습니다.

이해가 쉽게 적절한 예를 들어보겠습니다.

저는 맵고 자극적인 음식을 잘 먹지 못합니다. 좀 힘들어하는 편이지요. (저에게 밥 사주실 분은 참고하세요!) 어떤 분이 저를 어느 식당으로 데려가 "여기 맛집입니다. 정말 맛있어요" 하며 제게 식사 대접을 하셨어요. 그런데 제가 어려워하는 맵고 짜고 자극적인 음식이었습니다.

그 음식을 먹은 저는 금방 탈이 났겠죠.

저를 대접한 분이 다른 사람에게 "목사님께 식사를 대접했으니 하나님께 복받을 거야" 하고 말했다고 생각해 보세요. 물론 복을 받으실 수는 있지요. 하지만 제가 과연 기쁘게 음식을 먹었을까요? 기쁘게 대접을 받았을까요? 하나님도 마찬가지라고 보면 됩니다. 하나님의 방법으로, 하나님이 원하시는 대로 예배를 해야 기쁘게 받으시지요.

제 경험상 현재 한국 교회에서 예배 교육이 제대로 이루어지는 곳이 드뭅니다. 그저 새신자반 교육을 할 때 잠시 다루는 정도지요. 그러다 보니 제가 초청받아 강의를 나가는 교회에서 예배에 대한 질문을 하면 어른들이나 청년들 거의 모두가 모호하게 답변을 하십니다.

저는 지금 당신의 예배를 돌아보라고 도전하고 싶습니다. 과연 하나님이 당신의 예배를 몇 번이나 받으셨을까요? 하나님이 받지 않으셨다면 우리는 예배시간에 무엇을 한 것인가요? 당신이 교회에서 예배팀을 하든, 전도사님이든, 목사님이든, 찬양대든 간에 당신의 역할과 상관없이 하나님은 당신의 예배를 몇 번이나 받으실까요?

" 나누어봅시다 "

01 우리 교회 예배팀은 하나님을 얼마나 아십니까? 예배를 하면서 하나님을 경험하십니까?

02 우리 교회 성도들은 예배에 대해 배우고 있습니까? 혹시 영적인 시각에 장애가 있는데 인도자로 나선 것은 아닌가요?

03 당신의 팀이 아닌 당신의 예배를 하나님은 몇 번이나 받으셨을까요?

예배시간에 출석했다고
예배한 것은 아닙니다

아주 오래전 제가 해외 출장을 갔다 오는 바람에 주일을 지키지 못할 뻔한 적이 있습니다. 오후 늦게 도착했는데, 그 시간에 주일 예배를 드릴 곳을 찾기가 쉽지 않았습니다. 그런데 간절한 마음이 통했던지 인터넷을 검색해서 겨우 예배 장소를 찾았습니다.

교회를 찾아가 예배하는데 예배팀의 연주와 노래가 저를 몹시 힘들게 했습니다. 기본적으로 되어 있어야 할 튜닝이 안 되어 베이스기타 소리가 튀었습니다. 또 싱어들은 화음을 넣지 않아야 할 부분에 넣어서 조화를 깨버렸습니다. 휴~ 한숨이 나왔습니다. 그 와중에 드럼은 왜 그리 크게 치는지……. 앉아 있는 것이 곤욕이었습니다.

저는 뒷자리에서 찬양을 따라 하지 않고 한심한 듯 예배팀을 쳐다보았습니다.

'뭐야! 연습은 한 거야? 연습을 해도 저 정도면 앞에 나오지 말았어야 하는 것 아냐?'

뒤이어 단 위에 오른 설교자는 회중을 사로잡지 못했습니다.

'참 나, 저 정도의 설교를 들으러 이 시간에 여기까지 와야 했나?'

저는 예배팀과 설교자를 난도질하며 아주 교만한 생각으로 예배시간에 참여했고, 예배가 끝나자마자 도망치듯 밖으로 나와버렸습니다. 그러면서 속으로 이렇게 중얼거렸습니다.

'아, 시간이 아깝다. 정말 힘들었네. 그래도 오늘 주일예배는 했구나.'

그렇게 착잡한 기분으로 횡단보도를 건너려고 서 있던 제게 세미한 음성이 들려왔습니다.

"너는 예배를 한 게 아니야!"

순간 저는 횡단보도에 그대로 얼어붙었습니다. 초록불이 눈에 들어오지 않았습니다. 하나님에 대한 두려움이 저를 사로잡았고, 제가 교만했다는 것을 그제야 깨달았습니다.

여태까지 저 나름대로 예배라고 자부해온 것들이 빛바랜 사진처럼 스쳐 지나갔습니다.

그렇습니다. 저는 그 시간에 예배한 것이 아니었습니다. 예배시간 내내 저는 하나님에 대한 사랑 드림과 엎드림 그리고 내 것을 내려놓는 것이 아닌 '판단질'을 하고 있었고, 얼굴 가득 불만 어린 표정만 지었습니다. 저는 예배시간에 출석은 했을지 몰라도 예배한 것이 아니었습니다. 저의 교만과 잘못으로 저는 예배시간에 하나님을 만나지 못했습니다.

비단 저뿐일까요? 애석하지만 예배팀을 포함한 많은 크리스천들이 예배시간에 출석을 해놓고 예배했다고 착각할 때가 너무도 많습니다.

04

당신의 예배에는
하나님과의 만남이 있습니까

간단하게 예화를 들어 설명해 보겠습니다. 저와 어떤 여자분이 데이트를 한다고 가정해봅시다. 데이트 시간은 일요일 오전 11시부터 12시 30분까지이고, 장소는 고급 레스토랑입니다. 저는 멋지게 차려입고 흥얼거리며 데이트 장소로 갔습니다. 안내를 받아 의자에 앉아 그녀를 기다리는데 시간이 지나도 오지 않습니다.

20분쯤 지났을까요? 창밖으로 오가는 사람들을 보며 레스토랑 안에 흐르는 음악을 즐깁니다. 마음이 행복감에 젖어듭니다. 11시 30분쯤 되니 데이트하기로 했던 여자분에게서 '오늘 못 만나겠다'는 문자 메시지가 옵니다. 좀 서운했지만 저는 그 레스토랑에서 가장 맛있는 음식을 주문해서 먹고는 포만감을 느낍니다. 후식으로 나온 커피의 맛과 향을 음미하니 어느새 입가에 미소가 살며시 퍼집니다.

레스토랑의 인테리어도 마음에 들었고, 주차 공간도 널찍했으며, 직원들은 친절했고, 음악도 내 스타일이었으며, 음식도 맛있고, 커피도 더할 나위 없이 만족스러웠습니다. 12시 30분이 되어 레스토랑을 빠져나오며 저는 혼자 이렇게 말했습니다.

"와! 오늘 데이트 아주 좋았어!"

자, 제가 데이트를 한 걸까요? 아니면 스스로 위로를 한 걸까요? 뭐가 빠졌지요? 무엇일까요? 네, 만남이 빠졌습니다. 그녀와의 인격적인 만남이 없었던 거죠.

제가 예를 들어 이야기했지만 혹시 우리 성도들의 모습이 이렇지는 않은가요? 예배 공간이 좋고, 교회 음악도 괜찮고, 목사님의 설교도 들을 만하며, 교회 식사도 좋고, 안내위원들도 친절해서 좋은데……. 하나님은요?

예배팀을 변화시키는 워십 스쿨

예배시간에 하나님을 만나시나요? 만나시면 그 만남의 열매가 무엇인가요? 이제 육체의 삶이 아니라 '나는 죽고 예수로만 살겠다'는 결단이 서던가요? 하나님을 사랑하는 마음이 솟구치던가요? 하나님에 대한 갈망이 있으십니까? 이웃을 위해 헌신하고 좋은 예수님을 전해야겠다는 결심이 서십니까?

저는 이런 마음이 매주 예배를 통해 여러분에게 있기를 바랍니다. 하나님을 만난 사람들은 인생이 변화됩니다. 우리의 문제는 무엇인가요? 예배를 인도한다하면서도 하나님을 만나지 못한다는 것입니다. 그 많은 예배를 하고 예배를 위해 많은 시간을 투자하면서도 하나님을 만나는 경험은 아주 드뭅니다.

더 솔직하게 이야기하면, 사람들의 반응과 음악적 완성도에만 관심이 있고 하나님과의 만남에는 별로 관심이 없습니다. 우리의 문제는 마음 중심에 하나님 두기를 싫어한다는 점입니다. 하나님이 내 삶에 관여하는 것을 별로 좋아하지 않습니다. 하나님을 '주님'이라고 고백하지만, 실제적인 주인은 나인 것이지요. 모든 문제가 거기에서부터 시작됩니다.

만약 당신이 애인과 10년 만에 한 번씩 만나면서 "우리는 사랑하는 사이야!" 하고 말한다면 사람들이 비웃을 것입니다. 그것은 사랑하는 사람들의 모습이 아니기 때문이지요. 사랑하면 많이 보고 싶습니다. 통화도 자주 하고, 곁에 두고 싶고, 대화도 많이 합니다. 그런데 우리는 몇 년 만에 하나님을 조금 경험하고, 그것을 위로 삼아 몇 년을 지내곤 합니다. 그 후 내 맘대로 살다가 넘어지고, 무너지고 난 뒤 또 몇 년 만에 하나님을 찾고는 하는 것입니다.

우리는 하나님께 만나달라고 기도해야 합니다. 하나님을 만나는 것! 그것이 우리가 교회로 모이는 목적입니다. 어느 순간 한국 교회는 이 만남이라는 본질을 잃어버렸습니다. 거대하고 멋진 건물, 형식적인 기도와 분주한 예배, 능력 없는 신앙생활이 우리 삶을 지배하게 되었습니다. 화려한 음악과 무대만 남았습니다. 그러다 보니 그리스도인들의 삶에 능력이 없습니다. 꽉 찬 알맹이 없이 단단한 껍질만 가득한 열매가 되었습니다. 누구에게도 만족을 줄 수 없게 되었습니다.

교회에 나오는 가장 큰 목적은 주님을 만나는 것입니다. 그런데 가장 큰 것에는 관심이 없고 작은 것들, 없어도 되는 것들에 만족하고 있습니다.

생명이 또 다른 생명을 잉태할 수 있습니다. 죽은 사람은 생명을 잉태할 수 없습니다. 하나님을 만나 살아난 한 사람이 교회를 변화시키고 일으킵니다. 과거 부흥의 때가 그랬습니다.

회개함으로 하나님을 만난 한 사람이 지역을 바꾸고 나라를 바꾸었습니다. 여러분에게 모세가 되라고, 사도 바울이 되라고 말하는 것이 아닙니다. 저 또한 그렇게 되기가 어렵기 때문입니다. 하지만 여러분의 인생에서 가장 중요한 분을 만나보시기 바랍니다. 분명 당신의 인생이 변화될 것입니다. 예배팀을 위해, 교회를 위해 하나님을 만나보라는 것이 아니라 당신의 인생을 위해 하나님을 만나보시기를 권합니다.

당신이 하나님을 만나고 싶어 하는 것보다 하나님이 당신을 더 만나고 싶어 하십니다.

하나님은 언제나 당신을 기다리고 계십니다.

" 나누어봅시다 "

01 당신의 예배시간은 출석인가요, 하나님과의 만남
인가요?

02 당신은 하나님을 만난 경험이 있으신가요? 경험
을 나누어주세요. 만일 그런 경험이 없으면 어떻
게 하면 만날 수 있을까요?

03 「예레미야」 29장 11~13절, 「누가복음」 11장 9~13
절을 묵상하고 함께 나누어보세요.

예배
알아가기

무엇이 예배일까요

많은 교회가 새벽부터 예배를 합니다. 주일예배나 수요예배, 심야예배, 구역예배뿐 아니라 이사예배, 돌예배, 고희예배, 개업예배 등을 합니다. 예배가 참 많죠?

참고로 저도 후배 한 분이 개업을 하는데 예배를 드려 달라고 하셔서 개업예배를 인도한 적이 있습니다. 전화를 받고 업종을 물었더니, PC방이랍니다. 그래서 PC방 개업예배를 인도했습니다. 그래서 그런지 우리나라가 전 세계 온라인 게임을 지배하고 있습니다. 그런데 그 PC방은 얼마 못 가서 망했습니다!

자, 이제 중요한 것을 짚고 넘어가야 할 때입니다. 예배란 무엇일까요? 이 질문에 대해 명확한 답이 내려져야 앞으로 여러분이 하시는 예배 행위가 올바르게 섭니다. 이 질문에 명확한 답을 하지 못한다면 그것은 종교행위에 불과할 것입니다.

제가 많은 교회에 강의를 다니면서 이 질문을 하면 의외로 많은 성도가 잘 모릅니다. 자신의 틀 안에서 경험한 예배를 생각하거나 어렴풋이 들어왔기 때문에 명확히는 몰라도 이런 것일 거라고 대략적으로 대답할 뿐입니다. 자, 질문하겠습니다. 여러분은 예배가 무엇이라고 생각하십니까? 각자 이 질문에 답해보세요.

예배는 단 몇 마디로 정의할 수도 있지만, 몇 마디로 답하기에는 범위가 상당히 넓습니다. 교회에서 한 시간 드리는 것 말고 삶으로도 나아가야 하기 때문입니다. 제가 예전에 우리나라를 대표하는 세 분의 예배 인도자들과 대담한 내용을 책으로 쓴 적이 있습니다. 그 책을 쓰며 뉴제너레이션 워십을 인도하는 천관웅 목사님에게 예배의 정의를 여쭤본 적이 있습니다. 그때 목사님은 이렇게 대답하셨습니다.

"예배가 무엇이라고 한마디로 단정 짓기에는 너무 방대해요. 모두가 답이 될 수 있죠!"[06]

맞습니다. 천 목사님의 말씀처럼 예배와 관련해서 여러 가지 정의가 있을 수 있습니다.

제가 좋아하는 목사님이자 학자이신 존 맥아더 목사님의 정의를 먼저 소개해보겠습니다. 존 맥아더 목사님은 "예배는 최상의 존재에게 표하는 경의"라고 정의했습니다.[07]

또 보수적인 신학자이자 목회자인 김남준 목사님은 이렇게 이야기합니다.

"예배가 무엇입니까? 예배는 단지 하나님의 은혜를 구하는 것이 아닙니다. 그리스도께서 우리를 위해 죽으신 십자가의 사건이나 부활의 의미를 되새기는 기념식이 아닙니다. 참된 예배는 하나님과의 만남입니다."[08]

---

06) 정석찬, 『한국 교회를 깨우는 워십 리더』, 넥서스크로스, 2013, p. 202.
07) 존 맥아더, 『참된 예배』, 한화룡 역, 두란노, 1986, p. 6.
08) 김남준, 『예배의 감격에 빠져라』, 생명의말씀사, 2010, p. 41.

예배를 드릴 때 예배의 대상이신 하나님에 대해 알아야 할 것이 하나 있습니다. 하나님은 인격을 가지고 계시다는 사실입니다. 이것이야말로 하나님이 우상과 구별되는 점이며, 하나님이 우리와 교제를 나누실 수 있는 중요한 근거이기도 합니다. 이 인격성을 바탕으로 많은 분이 예배를 하나님과의 교제 또는 하나님과의 만남으로 정의합니다.

거듭 말하는데, 예배에서 중요한 것은 어떤 노래를 하고 어떤 연주를 하느냐가 아니라 하나님을 만나는 예배인가 아닌가를 생각해야 한다는 것입니다.

이제 성경의 인물을 예로 들어 예배를 설명해보겠습니다. 성경의 인물들 가운데는 소개할 만한 훌륭한 예배자들이 아주 많습니다. 하지만 여기에 다 소개할 수는 없으니 흐름에 맞추어 구약과 신약의 인물을 각각 한 명씩 소개하겠습니다.

02

구약의 예배자
– 아브라함

먼저 구약의 인물을 소개한다면 아브라함입니다. 어느 날 하나님께서 아브라함을 부르셔서 이렇게 명령하십니다.

여호와께서 이르시되 네 아들 네 사랑하는 독자
이삭을 데리고 모리아 땅으로 가서 내가 네게 일
러 준 한 산 거기서 그를 번제로 드리라

「창세기」 22:2

하나님은 아브라함에게 그의 독자 이삭을 바치라고

하십니다. 그것도 칼로 몸을 갈라서 불에 태워 죽이는 제사인 번제로 드리라고 하십니다. 하나님은 사람을 죽이는 것을 금하셨고 사람을 제물로 사용하는 제사를 혐오하셨습니다. 그런데 왜 이런 명령을 내리신 걸까요? 「창세기」 22장 1절에 답이 나와 있습니다. "하나님이 아브라함을 시험하시려고" 했다고 말이지요. 하나님이 아브라함의 믿음과 그의 중심을 테스트해보기로 의도하셨던 것입니다.

아브라함은 100세 때 낳은 아들 이삭이 너무나도 소중했을 것입니다. 이삭은 자신의 모든 것이었고, 너무나 소중해서 그 무엇과도 바꿀 수 없는 아들이었습니다. 그런데 하나님이 그 이삭을 바치라고 하십니다. 선뜻 순종할 수 없는 명령이었습니다. 하지만 아브라함은 하나님 앞에서 아무 말도 하지 않고 순종하기로 결정합니다. 소중한 것을 하나님께 내려놓기로 결심합니다.

이것이 가능했던 것은 하나님과 오랜 시간 동안 동행하여 하나님을 알았고 믿었기 때문입니다. 인격을 가지고 계신 하나님을 믿은 결과입니다. 그렇기 때문에 기꺼이 자신의 소중한 아들을 믿음으로 바칠 수 있었던 것입니다.

재미있는 것은 영어 성경 『NIV』나 『GOOD NEWS BIBLE』에 보면 예배를 가리키는 워십(Worship)이라는 단어가 「창세기」 22장에서야 등장합니다. 워십이라는 단어의 의미는 무엇일까요? 그것은 댄스(Dance)를 의미하는 것이 아닙니다. 그것은 어떤 존재에게 최고의 가치를 두는 것을 의미합니다. 즉, 아브라함은 최고의 존재이신 하나님께 자신이 가진 최고의 가치를 드려 경배하려고 했던 것입니다. 하나님께서는 자신의 모든 것을 바친 아브라함의 행위와 하나님을 향한 믿음을 인정하시고 흡족하게 예배로 받으셨습니다.

아브라함을 통해 우리는 예배를 엿볼 수 있습니다.

첫째, 예배는 순종하는 것입니다.

아브라함은 하나님의 기막힌 요구에도 순종하기로 결심합니다. 하나님을 만났고 하나님을 알았으며 제대로 믿었기 때문입니다. 하나님의 뜻대로 순종하지 않고 내 마음대로 살면서 하나님을 예배한다고 할 수는 없을 것입니다. 그것은 나 자신이라는 우상을 섬기면서 하나님을 믿는다고 하는 것과 같습니다.

아브라함에게서뿐만 아니라 「사무엘상」 15장에서 사울왕의 불순종을 통해 하나님께 드리는 예배와 순종의 관계를 살펴볼 수 있습니다. 시간이 허락된다면 「사무엘상」 15장 10~23절을 읽어봅시다.

둘째, 예배는 자신의 모든 것을 바치는 것입니다.

예배는 무엇을 받으러 나오는 것이 아닙니다. 흔히 은혜를 받으러 예배한다고 하는데, 이것은 사실 잘못된 표현입니다. 예배는 무엇을 받으러 나오는 것이 아니라 우리를 드리러 나아가는 것입니다. 그것도 일부만 드리는 것이 아니라 자신의 모든 것을 드리는 것입니다. 가장 소중한 것을 드리는 것입니다.

이것은 단순히 헌금만을 뜻하지 않습니다. 어떤 이들에게는 가장 소중한 것이 돈일 수도 있고 명예일 수도 있습니다. 젊은이들에게는 꿈과 목표, 자신의 계획 또는 이성 친구일 수도 있습니다. 더 나이가 든다면 아브라함처럼 자식일 수도 있고, 또 부동산이나 안락한 삶일 수도 있겠지요.

요지는 이처럼 자신에게 최고의 가치를 하나님을 위해 내려놓을 수 있느냐 하는 것입니다. 이 말을 오해하지는 마십시오. 여러분에게 목사, 선교사가 되라고 하는 말이 결코 아닙니다. 그것은 부르심이 있는 사람만 가능합니다.

모든 것을 종합해볼 때 사람이 가장 사랑하는 것은 자기 자신입니다. 자신을 내려놓고 하나님을 최우선 순위에 두는 것, 그것이 예배입니다. 예배를 한다고 하면 젊은이들은 음악을 생각할 수도 있고, 어떤 분은 설교를 듣고 감동받는 것을 생각할 수도 있습니다. 그런데 예배는 자신의 모든 것을 드리는 것입니다. 기독교 음악을 하고 종교 행위를 하는 것이 예배가 아니라는 말입니다.

셋째, 예배는 하나님을 인격적으로 아는 것입니다.

지식적으로 알 뿐 아니라 경험적으로 하나님을 아는 것입니다. 하나님을 매일의 삶 속에서 경험해야 합니다. 아브라함은 매일의 삶 속에서 하나님을 알아갔습니다. 처음에는 잘 몰랐지만 시간이 지나면서 하나님을 경험했습니다. 하나님이 다른 신들, 즉 우상들과는 차원이 다르다는 것을 알았습니다. 세월이 흘러가면서 아브라함은 하나님을 더욱 깊이 경험했고 신뢰했습니다.

여러분이 예배자라면 무엇보다 자신이 예배하는 대상인 하나님을 알아야 합니다. 그렇다면 어떻게 하나님을 알 수 있을까요? 무엇보다 기도와 말씀 묵상 그리고 예배로 하나님을 경험하실 수 있습니다. 예배팀으로서 매일의 경건 생활은 하나님을 아는 데 매우 중요하며, 여러분이 하나님을 아는 만큼 깊이 예배하실 수 있습니다. 이런 식으로 여러분의 예배가 변화되고 깊어지면 여러분이 섬기는 교회의 예배가 변화할 것입니다. 그러므로 예배팀이라면 경건 생활은 선택이 아니라 의무입니다.

처음에는 경건의 훈련으로 하나님과의 교제가 잘되지 않을 수도 있습니다. 부담스러울 수 있고, 해봐도 잘 모를 수 있습니다. 하지만 포기하지 말고 해보십시오. 그러면 어느 순간 달라져 있는 자신을, 예배를 보게 될 것입니다. 혹시 포기한 분이 있다면 다시 시작해보세요.

우리가 어렸을 때 매일 훈련한 지식이 지금 우리의 정신과 지식이 되었고, 어린 시절 매일 먹었던 음식이 지금 우리의 몸이 되었습니다. 이렇듯 경건도 매일의 훈련이 중요합니다. 그 훈련이 쌓이고 쌓여 미래에 우리의 신앙과 예배가 될 것입니다.

운동선수는 하루아침에 되지 않습니다. 어릴 때부터 했던 훈련과 연습이 지금의 그들을 만듭니다. 여러분도 그렇게 해보시면 분명 멋진 결과를 얻을 것입니다.

03

신약의 예배자
– 마리아

이제 신약으로 넘어와서 다른 예배자를 살펴봅시다. 「요한복음」 12장에 나오는 마리아의 예배입니다. 「요한복음」 12장 1~8절을 보면, 마리아라는 여인이 지극히 비싼 향유 곧 순전한 나드 한 근을 가져와서 예수님의 발에 붓고 자기 머리털로 닦는 장면이 나옵니다.

마리아가 가지고 온 지극히 비싼 향유는 유다가 말한 것처럼 300데나리온 값어치의 물건입니다. 당시 노동자들의 하루 임금이 한 데나리온이었으니 노동자의 일 년치 임금에 가까운 향유를 예수님의 발에 쏟아 부은 것입니다. 그리고 마리아는 자신의 머리털로 예수님의 발을 닦았습니다.

이는 멀뚱히 서서는 할 수 없는 행위일 테니 무릎을 꿇고 엎드려서 했으리라 상상해볼 수 있습니다. 그런데 엎드리는 행위는 그 시대에 종들이 하던 행동이었습니다. 또 머리털로 예수님의 발을 닦았다고 했는데, 「고린도전서」에는 "여인의 머리카락은 여인의 영광"이라는 구절이 나옵니다. 여인인 마리아는 그 자신의 영광을 예수님의 발 앞에 모두 내려놓았던 것입니다.

마리아가 왜 그런 행동을 했을까요? 1절에 답이 있습니다. 장소는 "예수께서 죽은 자 가운데서 살리신 나사로가 있는 곳"입니다. 마리아는 예수님께서 죽은 오빠 나사로를 다시 살리시는 것을 경험하면서 사람의 주인이, 또 이 세상의 왕이 하나님이심을 다시 생각했을 것입니다. 자신이 경험하고 눈으로 보는 세상이 전부가 아니라는 것을 깨닫고, 잘 먹고 잘 살고 성공하며 즐기는 것이 인생의 전부가 아님을 알았을 것입니다. 무엇보다 예수님이 자신들이 기다리던 메시야라는 확신을 가졌을 것입니다. 그런 그녀에게는 향유의 가격 같은 것은 그리 중요하지 않았을 것입니다.

그녀의 눈에는 자신이 주인으로 섬길 예수님만 보였을 것입니다. 반면 가룟 유다의 관심은 이 세상의 것, 돈이었습니다. 그래서 결정적인 순간에 예수님까지 팔아버립니다. 하지만 마리아의 관심은 오직 예수님입니다.

우리는 이 구절에서 예배의 원리를 찾을 수 있습니다.

첫째, 예배는 최선을 다해 예수님을 섬기는 것입니다. 마리아는 일 년치 임금을 예수님의 발에 부어드렸습니다. 그녀의 시간과 노력의 절정을 예수님께 모두 드린 것입니다. 적당히 섬기는 것이 아니라 최선을 다해 헌신하는 것이 예배입니다.

둘째, 그녀는 예수님을 주인으로 모셨습니다. 마리아는 그냥 서서 머리카락으로 닦은 것이 아닙니다. 머리카락의 길이가 그 정도가 되지 않아서이기도 했겠지만, 마리아는 당시 종들이 하는 행위를 그대로 따라 했을 것입니다. 엎드리는 것은 종이 주인을 섬기는 행위입니다.

여기서 중요한 것이 등장합니다. 예배는 주인을 바꾸

는 것입니다. 내가 주인이었던 것을 예수님으로 바꾸는 것입니다. 내가 주인 된 상태에서는 예배에 참여한다고 변화되지는 않습니다.

연세 많으신 목사님께서 제게 "예배란 무엇입니까? 왜 예배를 하는데도 사람이 바뀌지 않을까요?" 하고 질문하신 적이 있습니다. 저는 한참 동안 생각하다가 "주인을 바꾸지 않아서 그렇습니다!" 하고 답변을 드렸습니다. 지금 생각해도 맞는 답입니다.

당신의 예배는 주인을 바꾸는 예배입니까? 예배시간에만 예수님이 주인인 척하고, 예배시간 이후에는 당신이 주인으로 살고 있지는 않습니까? 그러면 열매가 없고 변화가 없을 것입니다. 주일날만 와서 주인을 바꾸는 척하는 것이 아니라 완전히 주인을 바꾸는 것! 그것이 예배입니다. 그 말은 당신이 종이라는 뜻이기도 합니다.

셋째, 당신의 영광을 주님 발 앞에 내려놓으십시오. 예배팀은 자신이 영광의 주인공이 되려는 유혹을 받기 쉽습니다. 사람들에게 인정받고 싶은 유혹, 자신을 드러내고 싶은 유혹을 모두 내려놓아야 합니다. 화려한 음악으로, 목소리로, 연주로, 표정으로 영광받으려는 것을 내려놓으십시오. 예배는 예수님 발 앞에 자신의 영광을 버리는 것임을 잊지 마십시오.

우리의 예배는 언제부터인가 헌신 없이 이루어질 때가 많았습니다. 언제부터인가 사람이 주인이 되어 설칠 때가 많았습니다. 또 하나님께 가야 하는 영광을 사람들이 가로채려 하기도 했습니다. 이제 우리의 예배를 점검해봅시다.

" 나누어봅시다 "

01 내가 하나님보다 더 소중하게 여기는 것은 무엇입니까?

02 나의 예배에는 헌신이 있습니까?

03 예배는 주인을 바꾸는 것입니다. 나의 주인은 누구입니까?

04 예배하며 사람들에게 인정받으려 한 적은 없나요?

예배
바로 드리기

영으로 드리는
예배란 무엇일까요

「요한복음」 4장 23~24절은 우리가 아주 잘 아는 성경 구절입니다. 하나님이 받으시는 예배는 영과 진리로 드리는 예배입니다. 제가 어릴 때 보았던 성경인 개역한글판에는 「요한복음」 4장 24절을 '신령과 진정으로'라고 다소 모호하게 번역했습니다. 하지만 요즘 한국 교회에서 공용으로 사용하는 개역개정판은 '영과 진리로'라고 번역함으로써 성경 원문 그대로 의미를 명확히 전달하고 있습니다.

그런데 영과 진리로 예배를 드리려면 어떻게 해야 할까요?

먼저 영으로 드리는 예배를 살펴봅시다. 영으로 드리는 예배를 신학적으로 복잡하지 않고 쉽게 이야기하면 이런 것입니다.

"성령의 충만함을 받고!"

어떻습니까? 쉽게 이해되시나요? 더 어려우신가요?

예배는 영적으로 하나님께 나아가는 것입니다. 하나님은 영이시기에 우리가 영으로 나아가야 합니다. 예배는 하나님 보좌 앞에서 그분과 만나는 것입니다.

그런데 영이신 하나님께 어떻게 나아갈까요? 우리는 스스로 나아갈 수 있는 존재인가요? 아닙니다. 우리 스스로는 결코 하나님을 알 수 없고 나아갈 수도 없습니다. 예배는 하나님이신 성령님께서 우리를 이끄셔서 하나님 앞으로 나아가야 가능한 것입니다.

예배의 인도자는 예배팀 리더도 아니고 목사님도 아닌 성령님이십니다. 그 인도함, 즉 성령께 이끌림을 받으려면 우리는 성령님으로 가득 채움을 받아야 합니다. 이해가 되십니까?

그렇다면 성령 충만함을 어떻게 받아야 할까요? 믿음으

로 받습니다. 성령님에 대해 잘 아시는 신학자 박영돈 교수님이 쓰신 『성령 충만, 실패한 이들을 위한 은혜』라는 책에 보면 성령 충만에 대해 이렇게 설명하고 있습니다.

> 성령 충만을 이해함에 있어 먼저 주목해야 할 점은 성령 충만은 인간의 피나는 노력의 대가로 쟁취할 수 있는 은혜가 아니라, 그리스도 안에서 모든 신자에게 값없이 주시는 은혜라는 사실이다. … 그러므로 율법의 행위가 아니라 오직 믿음으로 구원받듯이, 그와 똑같은 원리로 성령 충만을 받는다. 오직 십자가 앞에 나아가 그 보혈의 공로만을 의지함으로써 성령 충만을 받는다.[09]

성령 충만은 어떠한 현상이 아닙니다. 물론 성령 충만을 받으면서 은사가 드러날 수도 있습니다. 그리고 사람마다 어떤 현상이 일어날 수 있습니다. 하지만 그런 현

---

09) 박영돈, 『성령 충만, 실패한 이들을 위한 은혜』, SFC출판부, 2008, p. 41.

상들이 없어도 성령 충만은 일어납니다. 저 역시 성령 충만을 경험할 때 현상적인 것을 체험했던 적이 있지만, 그것은 그때 제게 필요했기 때문에 하나님께서 체험케 해주신 것이라 믿고 있습니다. 저는 성령 충만을 현상으로만 국한시키는 것은 오히려 하나님을 제한하는 것이라고 생각합니다.

성령 충만은 믿음으로 받는 것입니다. 우리가 믿음으로 예수님을 영접해서 구원을 얻는 것처럼(「요한복음」 1:12, 「에베소서」 2:8~9) 믿음으로 성령의 충만함을 받는 것입니다. 어떤 분들은 성령 충만을 우리의 노력으로 받는다고 가르치시는데, 이것은 성경적이지 않습니다. 인간의 노력으로 하나님의 것을 가져보려는 것입니다. 물론 우리가 주 앞에 나아갈 때 회개하고 자백하는 것은 맞습니다. 그렇게 해야 합니다.

다시 말하지만, 구원과 성령 충만은 믿음으로 받는 것입니다. 구원과 성령 충만에 대해 인간의 편에서 할 수 있는 것은 아무것도 없습니다. 예수님께서 십자가에서 죽으시고 부활 승천하심으로써 모든 것을 이루셨습니다.

그리고 성령 충만은 즉시 받는 것입니다. 믿음으로 구하는 즉시 받습니다. 여러분이 예수님을 영접하고 그분이 그리스도이심을 믿었다면 이미 성령 하나님께서 여러분 안에 계십니다. 여러분이 예수님을 하나님이시요, 나를 영원한 지옥에서 구원하신 나의 주인으로 고백했다는 것은 여러분이 깨달은 것이 아니라 여러분 안에 계신 성령님이 고백하게 하신 것입니다. 「고린도전서」 3장 16절, 「마태복음」 16장 15~17절, 「요한복음」 1장 12절을 한번 읽어보시기 바랍니다.

다시 정리해서 말하면 "하나님, 성령 충만함을 주세요!"라고 믿음으로 구했다면 어떤 현상이 없어도 받은 것입니다.

그런데 문제가 있습니다. 우리가 성령님께 반응하는 시간이 필요하다는 것입니다. 성령 충만은 구하는 즉시, 또 믿음으로 받을 수 있습니다. 그런데 우리가 성령님께 반응하며 예배하는 데는 시간이 필요합니다. 경험해보신 분들은 알겠지만, 예배를 시작할 때 우리가 와서 그냥 예배를 하면 우리가 하나님께 반응하는 속도가 느립니다. 예배를 시작한 지 한참 만에 하나님께 반응하게 될 때가 있습니다. 그러다 보니 예배하는 한 시간 안에 하나님을 깊이 만나기가 무척 어렵습니다. 여기에 문제가 있습니다.

그러니 우리가 성령으로 인도함을 받으려면 먼저 준비해서 주님 앞에 나아가야 합니다. 적어도 예배시간 전에 나와 기도로 예배를 준비해야 하고, 생활 속에서 하나님께 반응하는 훈련도 해야 합니다. 매일의 경건 생활을 통해 하나님과 동행하셔야 합니다.

예배팀이 모일 때도 영으로 예배하려면 성령님께서 예배팀을 충분히 만져주셔야 합니다. 그러기에 간단히 기도만 하고 무대에 설 것이 아니라 충분히 기도하고 성령의 인도함을 받으며 서는 것이 매우 중요합니다.

02

진리로 드리는
예배는 어떤 예배일까요

먼저 진리가 무엇이냐가 중요합니다. 진리란 곧 말씀을 뜻합니다. 우리가 예배를 할 때는 말씀을 근거로 해야 합니다. 내 감정으로 예배하는 것이 아닙니다. 예배팀이라면 매일의 삶 속에서 말씀과 교제해야 합니다.

찬양이라는 것은 '하나님이 하신 일을 높여드리는 것'이라 할 수 있습니다. 그러므로 예배는 하나님을 잘 알아야만 가능한 일입니다. 우리가 예배하는 대상을 잘 모르고 음악에만 취해 기독교 음악을 한다면 아무 소용이 없습니다. 그것은 예배가 아닌 자기만족일 뿐입니다.

성경 말씀에 "힘써 여호와를 알자"(「호세아」 6:1~3)고 말씀하십니다. 또한 "내 백성이 지식이 없어 망한다"(「호세아」 4:6)고 말씀하십니다. 힘써 여호와를 아십시오. 노력이 필요합니다. 그런 노력 없이 무대에 서려면 이제 예배팀을 그만두십시오! 그것은 하나님을 기만하는 것이며, 교회와 성도들에게 피해를 주는 것입니다.

「사무엘상」 2장 12절을 보면 좀 충격적인 이야기가 나옵니다.

엘리의 아들들은 행실이 나빠 여호와를 알지 못하
더라

바로 엘리 제사장의 아들 홉니와 비느하스에 대한 이
야기입니다. 그들은 제사장이었습니다. 오늘날로 말하
면 예배 인도자라고 할 수 있을 것입니다. 예배를 섬기
는 사람이었고, 예배와 가장 가까운 사람들이었습니다.
그런데 문제가 있었습니다. 그들은 하나님을 몰랐던 것
입니다. 원문 표현에 보면 하나님의 존재를 몰랐던 것이
아니라 알았지만 하나님을 경외하지 않았고, 그분과 영
적 교제가 없었으며, 하나님에 대해 알려고 하지도 않았
다고 말씀합니다. 또한 그들의 행위는 하나님의 말씀에
무지했다는 것을 여실히 보여줍니다. 아니면 알았어도
무시했을 수 있습니다.

그들은 먹고 마시며 즐기는 것을 하나님의 뜻을 이루
는 것보다 더 중요하게 생각했습니다. 이들에 대해 우리
가 보는 성경은 '행실이 나쁘다'고 번역했지만 원문에는
'불량배'라고 나와 있습니다. 하나님을 모르고 제멋대로

섬기는 이들에 대한 엄중한 경고입니다.

17절은 그들이 저지른 죄에 대해 말하고 있습니다.

이 소년들의 죄가 여호와 앞에 심히 큰은 그들이
여호와의 제사를 멸시함이었더라

하나님을 알지 못하는, 아니 알아도 무시하는 사람들에 대한 하나님의 평가였습니다. 그들의 최후는 「사무엘서」를 계속 묵상하면 나옵니다.

아이러니하게도 오늘날 예배에 가장 가까운 사람들이 정작 예배를 하지 못할 때가 많습니다. 예배팀의 경우 곡의 리듬이나 연주기법 등을 우선적으로 생각해서 하나님께 집중하지 못할 때가 많습니다. 다른 사람의 예배를 도와주다가 정작 본인은 예배를 놓치는 경우가 많습니다. 인도자 또한 다음 곡으로 넘어가는 타이밍, 회중의 반응, 반복 등을 생각하다가 하나님을 잃는 때가 있지요.

더 기가 막힌 것은 방송실입니다. 독립된 공간에 있다

보니 들어가는 사람도 별로 없고, 무엇을 하든 보는 사람이 없습니다. 어느 교회에서 강의 사역을 할 때 한번은 예배시간에 강의 자료를 가지고 방송실에 올라간 적이 있습니다. 문을 열고 들어서니 방송실 담당자가 화들짝 놀랐습니다. 그는 인터넷을 즐기고 있었습니다. 하나님의 말씀이 선포되는 설교 시간에 말입니다.

또 어느 교회에서 예배 학교를 진행할 때의 일입니다. 강사님이 PPT를 넘겨달라고 여러 번 말씀하셨는데도 방송실에서 아무 반응이 없었습니다. 그래서 올라가보니 담당하는 분이 스마트폰으로 게임에 열중하고 있었습니다. 예배를 가르치는 예배 학교 시간에 음향을 담당하는 예배 사역자가 예배에 집중하지 않고 게임 사역을 하다니요!

조금 더 얘기해볼까요?

창립된 지 70년 정도 되는 전통적인 교회에서 사역을 할 때였습니다. 오후 예배를 인도하려고 무대로 올라갔다가 너무나 가슴 아픈 광경을 목격했습니다. 모든 성도들이 열심히 찬양을 드리고 있는 그때, 장로님 한 분이 뒷자리에 앉아 교계 신문을 뒤적거리고 있었습니다. 그것도 하나님을 찬양하는 시간 내내 말이지요. 이처럼 예배에 가까이 계신 분들이 예배하기 어려울 때가 정말 많습니다.

반대로 제가 감동을 받았던 분도 소개하겠습니다. 제가 섬기던 교회에는 미디어 담당 전도사님이 계셨어요. 방송실이 본당 3층이었는데, 제가 찬양을 인도하면 이분이 방송실에서 혼자 껑충껑충 뛰면서 찬양을 하셨습니다. 제가 앞에서 인도할 때 그 모습이 유리창 너머로 보였습니다. 또 깊은 임재에 관한 찬양을 하면 손을 들고 깊이 있는 예배를 드리셨습니다. 이렇게 매주 예배를 하시는 전도사님을 보는 것만으로도 제게는 도전이고 위로였으며, 감동이었습니다. 물론 너무 깊이 들어가셔서 PPT가 늦게 뜰 때도 있었답니다.

하나님을 알기 위해서는 성경 말씀을 보셔야 합니다. 오늘 이 내용을 공부하실 때 모두 결단합시다. 제가 전국적으로 강의를 많이 다녔는데, 솔직히 말하면 예배팀원들이 음악은 잘 아는데 성경에 대해서는 무식한 경우가 많았습니다.

예배팀끼리 QT 책자를 정해 매일 함께 QT를 하시고, 말씀을 나누시고, 성경 공부도 정기적으로 하십시오. 예배시간에 연주만 하다 가지 마십시오. 먹으러만 다니지 마십시오. 여러분끼리 하면 분명 한계가 있을 테니 신학을 전공하신 교회 전도사님이나 목사님께 과외라도 받으십시오. 그렇게 열정적으로 한번 해보십시오!

참고로 교회에서 인정하지 않는 성경공부 모임이나 목회자 몰래 하는 성경공부 모임, 무료 성경신학원 같은 데는 절대로 가지 마십시오. 이단 사이비 종교입니다. 대학교 내 기독교 동아리도 잘 알려진 건전한 단체로 가십시오. 잘 모를 때는 이단 사이비 전문기관으로 한국교회를 돕고 있는 '현대종교'(02-439-4391)에 문의해보십시오. 각 대학마다 사이비 종교가 탁구동아리, 봉사동아리, 영어동아리로 변장해 있으니 함부로 가입하지 마시고 꼭 현대종교 홈페이지를 방문해서 확인해보시기 바랍니다.

잠깐 곁길로 빠졌습니다. 본론으로 돌아와서, 진리로

예배하는 것은 어떤 것인가요? 다시 말하지만 말씀에 근거해서 하나님을 예배해야 합니다. 요즘 찬양곡들이 많이 쏟아져 나오고 있는데, 주의해야 할 점이 있습니다. 예배 인도자가 선곡을 할 때 성경에 나오는 내용이 아닌 것들로 예배를 하는 경우가 있습니다.

예를 들면 예전에 어느 교회를 방문했을 때의 일입니다. 그 교회는 어른들이 많이 계셔서 주로 옛날 찬양을 많이 불렀는데, 그날 예배팀이 이런 노래를 했습니다.

"내게는 하늘 저 위에 집이 있네~ 햇빛 찬란히 빛나는 그곳~"

요즘에는 교회에서 이 노래를 잘 안 부르지만, 좋은 예라서 소개하는 것입니다.

자, 이 노래에서 틀린 부분, 즉 성경과 어긋나는 부분을 맞혀보십시오. 무엇일까요? '햇빛 찬란히'가 성경적이지 않습니다. 「요한계시록」 22장 5절에 답이 나와 있습니다. 천국은 햇빛이 없고 오직 하나님의 영광만이 비치는 곳입니다. 천국에 대해 노래하는 곡인데 진리인 성경을 잘 모르고 성경과 관계없이 만들었다는 것이 한눈에 보이시죠?

요즘 나오는 찬양들도 잘 살펴서 선곡을 하셔야 합니다. 예배곡이 너무 감정에 호소하고 있지는 않은지, 말씀에 근거하지 않고 만든 사람의 주관적 내용으로 가득 차 있지는 않은지 잘 살펴보십시오. 그렇게 하려면 예배 팀이 예리한 성경적 지식을 갖춰야 합니다.

계속해서 진리로 예배하는 것은 어떤 것인지 살펴보겠습니다.

> 예수께서 이르시되 내가 곧 길이요 진리요 생명이니
> 나로 말미암지 않고는 아버지께로 올 자가 없느니라
>
> 「요한복음」 14:6

위 말씀을 잘 아실 것입니다. 여기서 예수님이 스스로 내가 '진리다!'라고 선포하십니다. 예수님은 진리이십니다. 이 말씀을 앞에서 읽은 「요한복음」 4장 23절에 적용하면 이렇습니다.

우리가 예배하러 나아올 때 누구를 힘입어 나아옵니

까? 성경 말씀은 예수님을 의지하고 나아오라고 하십니다. 우리의 '잘난 것', 우리의 '의'로 나오지 말라는 것입니다. 우리는 죄로 인해 마땅히 죽은 사람들입니다. 영원히 죽은 사람들입니다. 그런데 예수님께서 우리를 위해 대신 죽어주셔서 우리가 살았습니다. 그 결과 우리가 하나님께로 나아갈 수 있는 길이 열렸고, 우리는 하나님과 교제하고 하나님을 예배할 수 있게 되었습니다.

우리가 하나님 앞에 나아갈 때 우리의 힘 또는 종교적 의를 가지고 나올 수도 있습니다. "주님, 제가 헌금을 얼마 했는데요", "저는 봉사를 이것저것 많이 했어요", "저는 기도를 몇 시간씩 했어요", "성경을 몇 장 읽었어요", "며칠 전에 어쩌다 새벽기도를 했어요" 하고 내세우는 것이 다 하나님 앞에 나오는 우리의 '의'입니다. 하지만 하나님은 이런 것으로 우리를 맞이해주지 않으십니다. 오직 '예수님의 피' 때문에 우리를 맞이하십니다.

우리가 우리 스스로를 봐도 못나고 부족한 것이 너무 많습니다. 단 1퍼센트도 하나님 앞에 나설 수 없는 자인 것처럼 느껴집니다. 그런데 하나님은 예수님을 믿는 우리를 보실 때 우리를 보시는 것이 아니라 예수님의 피를 보시면서 우리에게 '100퍼센트 만족!'이라고 선언하십니다. 못난 점이 많은데도 '합격!' 선언을 해주시는 것입니다.

좀 더 마음에 와 닿게 예화를 통해 설명해보겠습니다. 예배팀인 어느 친구가 토요일 밤에 몰래 스마트폰에서 보지 말아야 할 사진과 동영상을 보았다고 합시다. 이 지체는 그때 당시에는 좋았는데 막상 교회에 와서 무대에 서려니 양심의 가책으로 너무 힘들었습니다. 하루 쉬며 자숙하고 싶었지만, 교회 규모가 작아서 자신을 대신해줄 사람도 없어 어쩔 수 없이 서게 되었습니다. 마귀가 그 친구를 계속해서 헐뜯습니다.

"하나님이 널 만나주실 것 같니? 명색이 예배팀이라면서 어제 뭐 했어? 네가 예배팀 자격이 된다고 생각하니? 너 참 뻔뻔하구나!"

이런 경험 한 번쯤 해본 적이 있지 않나요? 비록 보지 말아야 할 것을 본 것으로 예화를 들었지만 남편과 아내, 친구 등 관계의 문제도 많습니다.

사실 우리는 하나님 앞에 설 수 없는 죄 덩어리들입니다. 이런 것들은 앞에서 이끄는 사람들, 영적 지도자라는 사람들에게 더 강하게 도전합니다. 이럴 때 어떻게 하나님께 나아갈 수 있겠습니까? 그때조차 진리 되신 예수님의 보혈을 의지해야 합니다. 비록 죄를 지었다 할지라도 예수님의 보혈을 의지하고 담대하게 나아가야 합니다.

하나님은 그런 우리를 보시고 "너 어쩜 그리도 뻔뻔하냐?"고 말씀하시지 않습니다. 오히려 "잘했다! 잘 왔다. 너도 힘들었겠구나! 나는 네 약함을 다 알고 있다. 내가 너의 죄를 이미 사했다. 그러니 이제 다시 죄를 짓지 말고 내 안에 머물고 나와 더 깊이 교제하자!"고 하십니다. 어떻습니까? 좀 이해가 되십니까?

「로마서」 5장 8~9절의 말씀을 보겠습니다.

우리가 아직 죄인 되었을 때에 그리스도께서 우리를 위하여 죽으심으로 하나님께서 우리에 대한 자기의 사랑을 확증하셨느니라 그러면 이제 우리가

그의 피로 말미암아 의롭다 하심을 받았으니 더욱

그로 말미암아 진노하심에서 구원을 받을 것이니

우리가 아직 죄인으로 있을 때에 예수님이 우리를 위해 죽어주셨습니다. 당신이 믿음이 있을 때가 아니라 하나님을 모르고 잘못 살았을 때 죽어주신 것입니다. 그리고 그를 믿는 우리에게 의롭다고 말씀하십니다. 우리가 진리로 예배한다는 것은 예수님의 보혈을 의지하는 것을 의미합니다. 성경의 표현을 빌리자면 '성소에 들어갈 담력'을 얻는 것입니다.

「히브리서」 10장 19~22절에는 이런 말씀이 있습니다.

그러므로 형제들아 우리가 예수의 피를 힘입어 성소에 들어갈 담력을 얻었나니 그 길은 우리를 위하여 휘장 가운데로 열어 놓으신 새로운 살 길이요 휘장은 곧 그의 육체니라 또 하나님의 집 다스리는 큰 제사장이 계시매 우리가 마음에 뿌림을 받아 악한 양심으로부터 벗어나고 몸은 맑은 물로

씻음을 받았으니 참 마음과 온전한 믿음으로 하나
님께 나아가자

이 말씀에 힘을 얻어 우리가 하나님을 예배할 때 중요한 것이 또 하나 있습니다. 바로 믿음으로 하나님께 나아가는 것입니다. 「히브리서」 11장 6절에 이렇게 말씀하고 있습니다.

믿음이 없이는 하나님을 기쁘시게 하지 못하나니
하나님께 나아가는 자는 반드시 그가 계신 것과
또한 그가 자기를 찾는 자들에게 상 주시는 이심
을 믿어야 할지니라

또한 「히브리서」 11장 4절에도 믿음으로 예배했던 사람을 말씀하고 있습니다.

믿음으로 아벨은 가인보다 더 나은 제사를 하나님
께 드림으로 의로운 자라 하시는 증거를 얻었으니

무엇을 믿을까요? 당신이 예수님을 주인으로 모시면 당신의 모든 죄를 용서해주시고 더 나아가 당신을 자녀 삼고 당신과의 만남을 기뻐하시는 것을 믿는 것입니다.

이제 종합적으로 영과 진리의 예배를 풀이해보겠습니다. 영으로 드리는 것은 하나님의 성령의 충만을 받는 것을 의미합니다. 조금 구체적으로 말하면 성령으로 가득 채움을 받고, 성령께 붙잡혀서, 성령의 인도함을 따라감을 의미합니다. 진리로 드리는 것은 말씀에 근거해서 말씀대로 예배하는 것, 또 예수님의 피를 의지하고 하나님 앞에 나아가는 것을 말합니다.

" 나누어봅시다 "

01 당신은 성령님으로 가득 채워지기 위해 기도하고 있습니까?

02 우리는 예배를 어떻게 준비하고 있습니까? 좀 새롭게 바꾸고 싶지 않습니까?

03 예배시간에 나오기가 어려웠던 문제가 있다면 이 야기해보십시오. 그리고 그것을 어떻게 극복했는 지도 나누어보세요.

04 사이비 종교나 이단으로 규정된 곳에서 말씀을 가 지고 당신에게 접근한 적이 있나요?

하나님이
찾으시는 사람

01

하나님은 영이십니다

「요한복음」 4장 24절에는 우리가 예배하는 대상의 중요한 정보가 나옵니다. 하나님이 영이시기에 성령의 인도함을 받아 예배하는 것이 중요합니다. 하나님은 육체를 가진 우리보다 더 뛰어난 초월적 존재이십니다. 우리가 보고 아는 물질세계를 초월하는 분이십니다. 우리의 지식을 뛰어넘으며 한계가 없으신 분입니다.

"하나님이 영이시다"라는 선언은 하나님은 어디서나 계시는 분이라는 것입니다.

바꿔 말한다면 하나님은 어디에나 다 계시므로 어디

서든 장소와 상관없이 예배를 받으실 수 있다는 말입니다. 여기에서 또 한 번 깊이 들어가면 우리 삶의 터전이 곧 예배의 장소라는 것이며, 삶이 예배가 되어야 한다는 것입니다.

성소와 지성소 이야기를 아시죠? 구약시대에 성막은 하나님을 예배하는 특별한 장소였고, 하나님이 그의 백성들과 함께하시는 임재의 상징이었습니다. 예수님 당시에는 성막이 아닌 성전이 있었고, 그 안은 성막과 마찬가지로 성소와 지성소로 구분되었습니다. 지성소는 아무나 들어갈 수 없었습니다. 일 년에 한 차례 대속죄일에 제사장들 중에서 뽑힌 대제사장 단 한 명만 들어가 제사를 드릴 수 있는 특별한 장소였습니다.

성소와 지성소는 휘장이 가로막아 구분이 되었습니다. 그런데 이 성소와 지성소를 구분하는 휘장이 예수님께서 십자가에서 죽으셨을 때 위에서 아래로 찢어져버립니다(「마가복음」 15:38). 유명한 기독교 변증학자인 팀 켈러 목사님은 저서 『팀 켈러의 왕의 십자가』에서 이렇게 말했습니다.

예수 그리스도께서 돌아가신 순간 이 거대한 휘장이 쫙 찢어졌다. 위에서 아래로 찢어져 누가 찢으셨는지를 분명히 드러냈다. 하나님은 이 현상을 통해 이렇게 말씀하셨다. "이는 모든 희생을 종식시키는 궁극의 희생이다. 이제 내게로 오는 문이 활짝 열렸다."[10]

이제 일 년에 한 차례 대제사장만 하나님의 임재를 경험하는 것이 아니라 누구나 다 하나님을 만날 수 있게 열어놓으신 것입니다. 지역이나 피부색, 남자나 여자, 가난한 자나 부유한 자, 장애를 가진 자 등에 상관없이 말입니다.

또한 지성소의 휘장이 찢어졌다는 것을 어느 분은 지성소에 계시던 하나님이 지성소 밖으로 '저벅저벅' 걸어나오셨다고 말씀하시는 것을 들은 적이 있습니다. 참 멋진 표현입니다.

---

10) 팀 켈러, 『팀 켈러의 왕의 십자가』, 정성묵 역, 두란노, 2013, p. 301.

그래서 이제는 모든 땅이 지성소가 된 것입니다. 모든 땅이 지성소라면 우리는 마음을 다시 새롭게 해야 합니다. 구약의 제사를 살펴보면 지성소는 아무나 들어갈 수 없는 장소이며, 온전한 제사를 드리지 않으면 자칫 대제사장이 목숨을 잃을 수도 있는 특별한 곳이었기 때문입니다. 하나님의 임재를 경험하는 영광스러운 장소이기도 했지만 반대로 두려운 장소이기도 했습니다.

지금은 구약시대와 다르지만 온 땅이 지성소라는 의미를 다시 정리하면 세상 속에서 우리의 삶으로 온전한 예배를 드려야 한다는 의미라고 하겠습니다. 즉, 삶이 예배가 되어야 한다는 것입니다.

02

하나님이 찾으시는
사람이 있습니다

「요한복음」 4장 23절에 보면 하나님이 찾으시는 사람에 대한 내용이 나옵니다. 하나님이 사람을 '찾으신다'는 것입니다. 이렇게 성경에는 하나님이 찾으신다는 표현이 등장합니다. 그 가운데서도 예배하는 사람을 찾으신다는 것입니다.

하나님이 찾으신다!

여러분이 언뜻 생각하기에는 하나님이 사람을 찾으신다면 나보다 더 똑똑하고, 학벌 좋고, 외모도 좋고, 돈도 많고, 능력도 있어서 일도 잘하는 사람을 찾으실 것 같죠? 유명한 사람을 찾으실 것 같죠? 또 음악을 잘하고

연주 실력이 뛰어난 사람을 찾으실 것 같죠?

그런데 하나님은 이런 사람을 찾는다고 하시지 않았습니다. 하나님의 조건은 단순합니다. 예배하는 자를 찾으십니다.

한국 예배 사역에 아주 귀한 역할을 하셨던 박정관 목사님은 저서 『하나님이 찾으시는 참된 예배자』에서 이렇게 설명하고 있습니다.

하나님은 예배자를 찾고 계십니다. 예배하며 살고
예배하듯 사는 사람을, 하나님께 나아와 하나님께

인격적으로 반응하며 그 반응의 연장으로서 일상의 삶을 살아가는 사람을 찾고 계십니다. 하나님의 궁극적인 관심은 예배 행위나 예배 프로그램이나 예배 도구에 있지 않습니다. 예배시간과 장소에도 있지 않습니다. 하나님의 눈길은 예배하는 인격, 예배하는 마음에 닿아 있습니다.[11]

여러분의 직장이나 학교 또는 군대에 예수님을 예배하는 사람이 얼마나 있는지요? 당신이 사는 나라에서는 얼마나 많은 사람이 하나님을 예배하나요? 그 직장과 학교에서도 가정에서도 하나님은 자신을 예배하는 사람을 찾고 계십니다. 하나님이 찾는 사람! 바로 당신이 그런 사람이 되십시오.

---

11) 박정관, 『하나님이 찾으시는 참된 예배자』, 생명의말씀사, 1999. p. 157.

03

예배자는 어떤 사람일까요

구원받은 사람입니다

이것에 대해서는 제가 설명하지 않고 앞서 소개한 존 맥아더 목사님의 글을 가져와보겠습니다.

구원의 목표가 받으실 만한 참된 예배자들을 산출하는 것이기 때문이다. 당신이 참으로 구원을 받았다면 당신은 참된, 받으실 만한 예배자이다. 그러므로 당신의 예배를 점검할 때, 당신은 또한 당신의 구원을 검토하고 있는 것이다."[12]

---

12) 존 맥아더, 『참된 예배』, 한화룡 역, 두란노, 1986, p. 34.

보이지 않는 하나님을 경외하는 사람입니다

하나님은 우리 육신의 눈으로는 보이지 않습니다. 그렇기 때문에 우리는 하나님에 대해 쉽게 생각할 수 있습니다. 마치 죽은 신을 대하듯 할 때가 있지요. 하나님이 보지 못하시고 느끼지 못하시는 것처럼 생각할 때가 있습니다.

예배팀의 진정한 영적 능력은 무대가 아닌 무대 아래서 시작됩니다. 아무도 보지 않을 때 진짜 영적인 능력이 드러나게 되어 있습니다. 사람이 많은 곳에서는 적당하게 가리고 그럴듯하게 포장할 수 있습니다. 그러나 혼자 있을 때는 가리거나 포장하지 않으므로 그 사람의 정체성이 여실히 드러납니다.

제가 군복무 중 수요일 정신교육을 받을 때의 일입니다. 정신교육은 늘 피곤합니다. 정신교육 중 사병들의 눈이 몽롱해지고 피곤해하는 것을 본 중대장이 잠을 깨울 요량으로 이상한 질문을 던졌습니다.

"너희 중에 숫총각 있냐? 손 들어봐라!"

중대장도 반신반의하고 물어본 것 같습니다. 그런데

중대 인원 60여 명 중 5명만이 손을 들었습니다. 군에 입대한 20대 초반의 젊은이 대부분이 이미 혼전 성경험이 있었다는 것입니다. 교회라는 온실에서 자라온 제게는 큰 충격이었습니다.

요즘 젊은이들과 이야기를 나눠보면 교회 다니는 친구들도 혼전 순결에 대해 크게 신경 쓰지 않는 것 같습니다. "사랑하면 괜찮다!"가 그들의 답입니다. 그러나 그것은 본인의 기준입니다.

우리가 그리스도를 믿는다는 것은 예수님을 주인으로 모시고 사는 것입니다. 성경에서는 부부의 성적 관계 외에는 일체의 성적 행위들을 허용치 않고 있습니다. 그것을 넘어서는 것은 간음입니다. 7계명을 어기는 것입니다. 너무도 아쉬운 것은 교회에서조차 혼전 순결에 대한 교육이 거의 이루어지지 않고 있다는 것입니다.

요즘은 대놓고 음란을 부추기는 시대입니다. 대중매체도 그렇습니다. 인터넷이나 동영상 사이트는 말할 것도 없고 광고나 개그 프로그램, 토크쇼와 음악 프로그램에 출연하는 가수들의 노랫말이나 의상, 댄스 등을 보고 있으면 너무하다 싶을 때가 많습니다.

청소년, 젊은이들이 멀티방에서, 노래방에서 음란행위를 하고 결혼도 하지 않은 남녀가 모텔에 아주 당당하게 들어갑니다. 요즘은 스마트폰 하나면 음란한 매체를 쉽게 접할 수 있는 시대가 되었습니다. 이런 시대에 예배자들은 아무도 보지 않는 곳에서조차도 하나님을 경외할 수 있는 사람이어야 합니다. 보이지 않는 하나님을 예배하는 사람은 혼자 있을 때도 하나님과 교제할 수 있어야 합니다.

제가 존경하는 고(故) 하용조 목사님이 온누리교회 축제(OMC) 때 강의 도중에 이렇게 이야기하신 적이 있습니다.

"사람들 앞에서 당신의 모습이 당신의 진짜 모습이 아닙니다. 당신이 어떠한 일을 하느냐가 당신의 영적인 수준이 아닙니다. 당신의 진짜 모습은 당신이 혼자 있을 때 무엇을 생각하느냐가 당신의 영적인 현 주소입니다."

참고하시길 바라면서 책 한 권을 추천합니다. 빌 하이벨스 목사님의 『아무도 보는 이 없을 때 당신은 누구인가?』입니다. 강명식 형제님이 이 책을 보고 만든 곡 '아무도 보지 않는 곳에서'라는 CCM도 들어보시기 바랍니다.

1980년대 후반부터 2000년대에 이르기까지 한국 교회 예배 사역에 많은 영향을 주셨던 '올네이션스 경배와 찬양'의 하스데반 선교사님과 교제한 적이 있습니다. 그분의 일화가 저의 책 『한국 교회를 깨우는 워십 리더』에 소개되어 있습니다. 이 일화를 읽어보시면 분명 도전이 되리라 생각합니다.

찬양 사역자들이 모인 어느 모임에서 하스데반 선교사님에 대한 질문이 있었다.

그 질문은 이런 것이었다.

"하나님께서 하스데반 선교사님을 이 시대에 사용하시는 이유가 무엇이라고 생각하십니까?"

하 선교사님은 그 질문에 이렇게 대답했다.

"나는 잘난 것도 없고 음악적으로도 탁월하지 않

고 목소리도 좋은 편이 아닙니다. 다만 하나님께서 그래도 나를 예뻐하시는 것은 하나님을 사랑하려는 내 마음을 지키려고 노력했던 것이 아닌가 싶습니다."

그의 말은 이어졌다.

"제가 독일에서 유학한 80년대 초에 대학에 기숙사들이 있는데 남녀 구분이 없었어요. 학생들은 거의가 혼숙을 하고 있었죠. 우리나라도 성에 대해 많이 개방되었지만 그때 독일과 같지는 않죠. 기숙사에서 공부를 하고 있으면 옆방에서 들려오는 남녀의 이상한 소리들로 참 힘들었습니다. 그래서 휴지로 귀를 틀어막았죠! 그런데도 공부하는 데 방해가 되고 마음이 이상하기에 하나님을 향한 마음이 흐트러지는 것을 잡기 위해 겨울날 밖으로 나가 가로등 밑에서 공부를 했습니다."

그의 이야기는 이어졌다.

"학생들끼리 모여 어느 지역에 가야 하는데 한 학생의 자동차로 이동해야 했습니다. 차에 타는 인원은 한정되어 있고 차를 타고 가야 하는 인원은 많았습니다. 한 여학생이 저를 보고 '야! 드디어 스데반의 무릎 위에 앉아볼 수 있겠는걸!' 하고 놀렸습니다. 그런데 저는 그 차 타기를 포기했어요. 하나님을 향한 제 마음이 흐트러질까 봐……. 그리고 5시간 동안을 걸어서 목적지까지 갔습니다."

컴퓨터 화면을 한 번 클릭함으로써 음란한 동영상을 볼 수 있고 휴대전화를 통해서도 쉽게 음란한 사진들을 볼 수 있는 것이 요즘 시대이다. 은밀하게 즐길 수 있는 것이 너무 많고 미디어 역시 그런 것들을 부추기고 있다. 그런 것을 통해 마음이 혼미해지며, 잘못된 길로 빠질 수밖에 없는 것이 우리의 현실이다. 하나님을 향한 마음을 지키는 것은 외로운 싸움이고 사람들이 당장 인정해주는 것도 아니다. 그럼에도 죄를 짓기 쉬운 이 시대에, 내 마음 내키는 대로 할 수 있는 이 시대에 보이지 않는 하나님을 향해 온전하게 마음을 지켜야 하는 것이 예배자의 자세이다. 그리고 그것이 예배다.

전에 제가 쓴 책에는 소개하지 않았지만, 하스데반 선교사님의 강의 중에는 이런 내용도 있었습니다.

"제가 독일에서 유학할 당시 TV에서는 밤이 되면 배우들이 옷을 입지 않고 연기를 합니다. 처음에 혼자 있을 때는 그 방송을 끄지 못했습니다. 그러나 하나님이 은혜를 주시고 난 뒤 혼자 있을 때에도 TV를 끌 수 있는 은혜가 있었습니다."

이 글을 보고 갑자기 독일로 가고 싶으신 분은 마음을 잘 점검해보시기 바랍니다.^^

" 나누어봅시다 "

01 당신은 예배자입니까? 우리 팀은 예배자들의 모임입니까?

02 우리는 삶 속에서 보이지 않는 하나님을 예배하고 있습니까?

03 당신의 마음을 어렵게 하고 예배를 방해하는 것은 무엇인가요?

정직한 사람입니다

보이지 않는 하나님을 경외하는 것은 하나님 앞에 정직한 것도 포함이 됩니다. 사람들은 알 수 없어도 하나님은 아십니다. 「시편」 15편 1~2절을 살펴보십시오.

> 여호와여 주의 장막에 머무를 자 누구오며 주의
> 성산에 사는 자 누구오니이까 정직하게 행하며 공
> 의를 실천하며 그의 마음에 진실을 말하며

하나님과 교제할 수 있고, 하나님께 나아갈 수 있는 사람에 대해 이야기합니다. 첫 번째로 나오는 것이 정직입니다. 언젠가 제가 성경을 검색하는 전문 사이트에서 정직이라는 키워드로 검색을 해보았습니다. 그런데 성경에는 정직이라는 단어가 제가 생각했던 것보다 훨씬 더 많이 나왔습니다. 하나님께서는 그만큼 정직을 중요하게 보십니다.

제가 하나님께 정직을 훈련받은 때가 있었습니다. 지금도 계속 훈련을 받고 있지만, 그중 마음에 크게 남은 경험이 있습니다. 제가 두란노서원에서 근무할 때였는데, 당시에는 세미나 진행을 주로 온누리교회에서 했습니다. 그때는 이동하거나 짐을 옮기기 위해 중고차를 사서 타고 다녔습니다.

한번은 온누리교회 주차장에서 차를 후진해 나가는데, 갑자기 차 오른쪽에서 "쿵!" 하는 소리가 나더니 차체가 흔들거렸습니다. 저는 차문을 열고 재빨리 나가 사람들이 보았는지부터 살펴보았습니다. 다행히(?) 아무도 본 사람이 없었습니다. 그러고 나서 제 차를 훑어보았습니다. 뭐, 제 차야 살 때부터 중고차였으니 범퍼가 긁혀도 상관없었지만 상대편 차는 심히 걱정되었습니다. 떨리는 마음으로 차를 살펴보았는데, 범퍼 여기저기에 긁힌 자국이 보이는 게 아니겠습니까? 흰색 차여서 그 자국이 더욱더 선명해 보였습니다. 제가 그 차를 긁기 전에 이미 긁어놓은 감사한 분들이 계셨던 것입니다.

아무도 보지 않았겠다, 차 상태도 원래 그랬겠다 저는 "할렐루야!" 쾌재를 부르며 차를 몰아 서빙고동 두란노 사무실로 돌아왔습니다. 그렇게 모든 게 끝난 줄 알았습니다. 그런데 그날 저녁 기도시간에 하나님의 준엄한 책망이 들려왔습니다. 저는 곧장 회개하고 다짐했습니다.

"다음에 이런 일이 생긴다면 저는 정직하게 반응하겠습니다."

몇 년 뒤, 어느 토요일에 부천으로 출장을 가게 되었습니다. 그런데 온누리교회에서 물건을 받아 갈 일이 있어서 교회 주차장으로 들어섰습니다. 빈자리를 발견하고 차를 주차하는데 갑자기 "쿵!" 하는 소리가 들려왔습니다. 그날은 회사차를 몰고 갔는데, 평소 제 차의 폭에 익숙한 탓에 넓게 돌아야 하는데 짧게 돌아서 일어난 실수였습니다. 정말 아찔했습니다. 빨리 내려서 누가 봤는지 주변을 살펴보았습니다.

다행히 아무도 보지 않은 것 같았습니다. 게다가 당시에는 차량용 블랙박스가 많이 보급되어 있지 않아 기록으로 남을 일도 없었습니다. 차를 주차하고 내려 회사차를 살펴보았습니다. 회사차는 별로 걱정할 필요가 없는 수준이었습니다.

그런데 제가 긁은 차가 문제였습니다. 한눈에 봐도 위

용을 자랑하는 검은색 세단이었는데, 범퍼 윗부분은 들려 올라가 있고 표면도 심하게 긁혀 있었습니다. 심지어 그 차는 외제차였습니다. 차의 엠블럼을 보는 순간, 저는 기절하는 줄 알았습니다. 이름도 유명한 벤츠! 게다가 하필 벤츠 중에서도 최상위 클래스라는 S클래스 차량이었던 것입니다. 범퍼 수리비만도 당시 돈으로 400만 원 정도는 들어갈 터였습니다. 정말 아찔했습니다.

아무도 보지 않았으니 얼른 차를 빼서 도망가야겠다는 생각이 들었습니다. 그런데 운전대를 잡는 순간, 몇 년 전 제가 겪은 일이 떠올랐습니다. 그리고 그때 하나님께서 가르쳐주신 '정직하라'는 마음이 제 발을 붙잡았습니다. 한참 동안 한숨만 쉬고 있다가 결단을 하고 차주에게 전화를 했습니다. 그런데 차주의 휴대폰이 꺼져 있었습니다. 빨리 부천으로 가야 하는데 연락도 안 되고 하니 너무 답답했습니다.

여러 가지 생각으로 마음이 복잡했지만, 두란노서원 총무로 있던 후배 전도사에게 전화를 해서 상황을 알려 주었습니다. 그는 저와 평소 농담도 잘하는 사이인 데다

워낙 유쾌한 사람이어서 제 전화를 대수롭지 않게 받았습니다.

> 정석찬 : 야, 나 사고 냈다!
>
> 총 무 : 응? 형, 괜찮아?
>
> 정석찬 : 응. 괜찮아. 그런데 차가…….
>
> 총 무 : 에이, 형이 괜찮으면 됐지 뭐. 크게 사고 난 건 아니지?
>
> 정석찬 : 응. 크게는 안 났는데, 내가 들이받은 차가 외제차야.
>
> 총 무 : 괜찮아. 형이 다치지 않았음 됐지, 뭘. 형, 근데 무슨 차야?
>
> 정석찬 : 벤츠야!!
>
> 총 무 : 형, 지금 농담하는 거지?
>
> 정석찬 : 아냐, 정말이야!
>
> 총 무 : 형, 누가 봤어?
>
> 정석찬 : 아니, 안 본 것 같아.
>
> 총 무 : 형, 안 봤으면 빨리 튀어! 도망치라고!

총무의 말이 하나님의 응답처럼 들려서 정말 도망가고 싶었습니다. 하지만 총무를 설득해야 했습니다. 나는 예배자이자 예배를 강의하는 사람으로서 하나님과 사람 앞에 정직하게 서겠다고 말했습니다. 그리고 나중에 해결할 테니 일단 보험으로 처리해주고 제 월급에서 차감하라고 이야기했습니다.

워낙 일이 급했기 때문에 서둘러 접착용 메모지에 사과의 글을 쓴 뒤 제 소개도 간략히 적어놓았습니다. 그리고 메모지를 명함과 함께 차 앞유리에 붙이고 와이퍼로 눌러두었습니다. 그날 저녁에 전화를 또 드렸지만 차주분이 받지 않았고, 주말이 지나 월요일에도 전화를 받지 않았습니다. 또 총무가 회사에서 드린 전화도 받지 않았습니다. 그리고 오늘까지 받지 않으십니다.

할렐루야! 아마도 제가 쓴 글을 보시고 저를 배려하신 것 같습니다. 지금도 그분께 정말 죄송하고 감사합니다.

이 사건이 저에게는 정직에 대한 하나님의 훈련이었습니다. 어려운 상황에서도 정직할 수 있는지, 보이지 않는 하나님을 위해 대가를 지불할 수 있는지 저를 훈련하신 것입니다.

다음은 100주년기념교회 이재철 목사님이 성지순례를 다니시며 겪은 이야기를 실어놓은 『내게 있는 것』에서 발췌한 예화입니다.

예루살렘의 마지막 일정은 다이아몬드 세팅 공장 견학이었다. 어디나 그렇듯 이 공장의 마지막 코스도 다이아몬드 판매장이었다. 일행 중 당시 미화 5,000달러짜리 다이아몬드를 구입한 분이 있었다. 현지 공장도 가격이 면세로 5,000달러였으니 동일한 크기의 다이아몬드가 한국에서는 훨씬 비쌀 것임을 짐작할 수 있었다. 경제적으로 넉넉한 사람이 해외여행을 하면서 보석을 구입하는 것은 얼마든지 할 수 있는 일이다. 사랑하는 아내를 위한 선물용으로 혹은 자녀 결혼을 위한 혼수용으로 구입할 수도 있다.

문제는 그다음이었다. 이튿날 아침 우리 일행은 조반을 함께 들며 이야기꽃을 피웠는데, 어느새 다이

아몬드를 구입한 분이 대화를 주도하게 되었다. 그
분의 말인즉 다이아몬드를 어디에 어떻게 숨겨야
서울에 도착해 공항 세관대를 무사히 통과할 수
있겠느냐는 것이었다. 그 이후에도 다이아몬드 구
입자를 중심으로 그와 같은 대화는 몇 번 더 계속
되었다. 우리 일행 중 크리스천이 아닌 사람은 아
무도 없었다. 아니, 모두 목사, 장로, 권사 같은 소
위 중직자들이었다. 그러나 누구도 법에 따라 세금
을 납부하라고 권하는 사람은 없었다.[13]

이어지는 예화는 같은 책에 소개된 두 번째 내용입니
다. 이 내용도 마음으로 한번 읽어보시기 바랍니다.

여름방학을 이용하여 외국으로 단기선교 여행을
떠났다. 비행기 안에서 팀장이 선교단원들에게 항
공사 담요를 가방에 넣어 가지고 내리라고 했다.

---

13) 이재철, 『내게 있는 것』, 홍성사, 2003, p. 54.

이유를 물었더니 단기선교 유경험자인 팀장의 대답이 이랬다. 선교지에서는 몇 시간씩 리무진 버스를 타고 장소를 이동하는 경우가 빈번한데, 버스 안의 에어컨이 너무 세서 담요가 없으면 감기 들기 십상이라고 말이다. 그것은 팀장의 경험에서 나온 주문이었다.

그렇다면 팀장은 서울을 출발하기 전에 단원들에게 점퍼나 스웨터를 준비하게 했어야만 했다. 그럼에도 그는 비행기 안에서 선교단원들에게 항공사 담요를 훔치게 했고, 선교지에 도착한 단원들은 버스 속에서 훔친 담요를 덮고 이동하다가 (물론 그들은 그때 그 담요가 자신들이 훔친 장물이라곤 상상도 하지 못했다) 버스에서 내려 예수 믿으라고 전도하였다. 그렇다면 그들에게 예수는 과연 누구이며, 또 그들에게 믿음과 선교란 대체 무엇이란 말인가?[14]

---

14) 이재철, 『내게 있는 것』, 홍성사, 2003, p. 56.

일전에 예수전도단 캠퍼스워십 예배 인도자인 심형진 간사님과 식사를 한 적이 있습니다. 그런데 그때 들은 이야기에는 예배 사역을 하는 사람들의 정직성이 그대로 드러납니다.

심형진 간사님이 어느 날 포털사이트에서 '캠퍼스워십'을 검색해봤는데, 인터넷 어느 카페에 1~5집에 실린 전곡을 무료로 다운받을 수 있게 돼 있더라는 것입니다. 그것도 놀랐는데 더 놀라운 것은 그 밑에 달린 댓글이었답니다.

"너무 은혜로운 찬양을 무료로 다운받을 수 있어서 감사합니다!"

"할렐루야!"

그 글을 보고 심형진 간사님의 손이 벌벌 떨리더랍니다. 그 음반 내지에는 "정당한 소비자가 되어주십시오"라는 호소문이 담겨 있었습니다. 그리고 음반을 기획·제작하려면 수천만 원의 비용이 들어갑니다. 그런데 그런 것은 전혀 고려치 않고 '은혜'라는 이름으로 대가를 지불하지 않고 자신들의 필요를 채우는 모습에서 한국 교회의 수준을 알 수 있었다고 합니다. 그것은 성경을 읽기 위해 금 촛대를 훔치는 것과 다를 바 없는 행위입니다.

현재 우리나라는 교회에서조차 저작권을 보호해주지 않습니다. 이런 상황인데도 "사역자들이 헌신은 하지 않고 돈만 밝힌다"는 이야기도 많이 들었습니다. 기독교 문화가 왜 죽었을까요? 바로 우리 교회 때문입니다. 여러분과 제가 정당한 소비자가 되어주지 않았기 때문입니다. 교회들이 투자를 하지 않았기 때문입니다. 공짜만 은혜가 아닙니다. 정당한 대가를 지불하는 것도 은혜입니다.

제게도 비슷한 경우가 있었습니다. 저는 박사공부를 예배학으로 했지만 석사는 성서주해를 전공했습니다. 전공이 성서주해였기 때문에 『성경주석』 책이 정말 필요했습니다. 그런데 전도사님, 목사님들은 아시겠지만 『성경주석』은 두껍고, 가격도 무척 비쌉니다.

대학원의 과제를 하려면 주석이 꼭 필요했는데, 당시 제게는 그 책을 살 만한 돈이 없었습니다. 제가 고민하는 것을 알고 수업을 같이 들었던 목사님이 자신의 USB

를 내밀었습니다. 그 안에는 가격으로 따지면 수백만 원 상당의 유명 『성경주석』이 「창세기」부터 「요한계시록」까지 이미지 파일로 저장돼 있었습니다. 저한테는 큰 유혹이었습니다. 그것이 있으면 학교 수업을 듣고 과제를 수행하는 데 큰 도움이 될 게 분명했습니다. 또 주석을 구입하는 데 큰돈을 지출하지 않아도 되니 꿩 먹고 알 먹는 격이었습니다. 하지만 저는 성령의 음성을 들을 것도 없이 목사님의 호의를 거절했습니다. 그것은 불법복제였으니까요. 누군가의 시간과 노력, 누군가의 피와 땀을 무시해버리는 것이기 때문이죠.

하나님의 길을 간다고 하는 목사님, 전도사님들이 돈이 없다는 이유로 불법적인 것을 받고 하나님의 은혜라고 히죽거리며 성서를 해석하고 복음을 전하면 하나님이 기뻐하실까요? 그러면서 성도들에게 정직하게 살라고 강변할 수 있을까요? 저는 그 이후에도 비슷한 일을 두 번 정도 겪었지만 모두 거절했습니다.

교회가 왜 세상을 변화시킬 수 없을까요? 건물이 없어서가 아닙니다. 돈이 없어서가 아닙니다. 사람이 없어서가 아닙니다. 구별됨과 정직을 잃어버림으로써 세상과 같아졌기 때문입니다.

앞의 여러 예화를 통해 알 수 있듯 우리는 대가의 지불이라는 것을 깊이 생각하지 않는 것 같습니다. 대가를 지불할 수 있는 것도 용기고 하나님의 은혜라는 사실을 기억하시기 바랍니다.

저는 깨어 있는 소수가 되고 싶었습니다. 이 글을 쓰는 지금도 여전히 많이, 정말 많이 부족합니다. 저를 아는 분들이 제 부족함을 증언해주실 것입니다. 하지만 노력할 것입니다. 여러분도 깨어 있는 소수가 되어주십시오.

" 나누어봅시다 "

01 성경을 읽기 위해 촛대를 훔치는 것처럼 주님의 일을 한다고 음원, 악보, 영상 등 남의 것을 무단으로 사용한 적은 없는지요?

02 혹시 교회의 물건이나 회사 사무실의 물건을 내 것인 양 함부로 사용하고 있지는 않습니까?

03 대가 지불도 은혜라는 말에 동의하시나요?

온전한
예배 준비

예전에 방송 출연을 좀 했습니다. 물론 얼굴로 출연한 것은 아닙니다. 얼굴이 나갔다면 국민들이 충격을 받으실까 봐 목소리로만 출연했습니다. 주로 다큐멘터리 내레이션을 하다가 가끔, 아주 가끔 CF 출연도 했습니다. 한 번 정도는 제 목소리를 들어보셨을 것입니다. 이름만 대면 알 만한 광고에도 출연했으니까요.

제가 광고를 하면서 느낀 점은 한 광고가 방송을 타기까지는 세세한 공정을 거쳐 최고의 작품으로 만들어 내보낸다는 것입니다. 내용은 간단한 내레이션이었지만, 최고의 작품을 만들기 위해 반복하고 반복하고 또 반복해야 했습니다. 다섯 줄 정도 되는 간단한 멘트를 1시간이나 녹음한 적도 있습니다. 물론 제 실력이 모자라서 그런 면도 있겠지만, 광고 경험이 많은 톱 클래스 영화배우나 가수도 예외는 아니었습니다. 그들이 녹음하는 것을 옆에서 지켜본 적이 있는데, 그들 역시 간단한 내레이션을 40~60분쯤 녹음했습니다. 최고의 것을 뽑아내기 위해 최선을 다한 것이지요.

제가 녹음했던 것 중에 청량음료 광고가 있었습니다. 그 청량음료 캔 하나의 가격은 700원 정도였는데, 700원짜리 캔의 판매를 돕기 위해 저는 녹음 부스에서 1시간여 동안 땀을 흘려야 했습니다. 녹음을 끝낸 뒤 저를 돌아보았습니다.

700원짜리 음료 하나를 광고하는 데 1시간이나 녹음을 하고, 최고의 것으로 만들기 위해 최고의 전문 인력이 최선을 다하고 있고, 나 역시 최선을 다해 녹음했다. 그런데 '온 우주의 주인'이라고, '내 삶의 모든 것'이라고 선포하고 고백하는 하나님을 예배하는 데는 최선을 다했는가? 정말 많이 준비하고 예배했는가? 적당히 하고 은혜로 하자고 핑계를 댔던 적은 없는가? 700원짜리 음료보다 하나님께 더 최선을 다해 예배했는가?

그런 생각이 저를 사로잡았고, 곧 회개의 기도가 쏟아져 나왔습니다. 세상 일을 할 때는 최선의 모습으로 나아가는데, 우리 주님께 나아갈 때는 늘 해온 방식으로 적당히 그리고 늘 써먹기 좋은 은혜라는 포장지로 덮고 나아갔던 모습이 떠올랐습니다. 예배곡을 드릴 때도 그 시간에 하나님이 회중에게 받기를 원하시는 고백이 무엇인지 기도하며 준비했어야 하는데, 그저 코드 연결하고 내용을 조금 이어서 그럴듯하게 준비하고 앞에 섰던 것이 너무도 죄송스러웠습니다.

01

하나님께 온전히
준비되지 못한 예물

「말라기」 1장 6~14절을 5분 정도 잘 묵상해봅시다. 하나님께서 이스라엘 백성과 제사장들에게 진노하시는 장면이 나옵니다. 제사장을 오늘날의 예배 사역자라고 생각하고 적용해봅시다. 이들은 하나님께 드리는 예배를 위해 하나님에게 부름받은 이들로서 태생부터 구별된 예배 전문가입니다. 그런데 하나님께서 이 예배 전문가들에게 야단을 치십니다.

그 이유를 한번 살펴봅시다. 6절에 보니 답이 나와 있습니다. 하나님의 이름을 멸시하고, 하나님을 공경함이 없고, 하나님을 두려워하지 않는다는 것입니다. 7절에 보니 거룩한 떡을 드린 것이 아니라 더러운 떡을 하나님께 드렸습니다. 또한 8절에, 총독도 받지 않을 눈먼 것, 병든 것, 저는 것을 하나님께 가지고 왔습니다. 13절로 넘어가 보면 예배하는 것을 '번거롭다'고 말하고, 하나님이 받지 않으실 제물들을 가지고 나옵니다.

이러한 행위들의 이유를 종합적으로 살펴보니 결론이 나옵니다. 이스라엘 백성과 제사장들은 하나님이 살아 계시다고 고백했지만 실제적으로 살아 계신 하나님을 섬긴 것이 아니라 마치 죽은 신을 대하듯, 우상을 대하듯 하나님을 섬겼습니다. 하나님을 만홀히 여긴 것입니다. 9~10절에 보니 이에 대한 하나님의 응답은 "헛된 예배를 멈추라, 너희를 기뻐하지 않는다, 너희 예배를 받지 않겠다"는 선언이었습니다.

이런 「말라기」 내용을 보면서 드는 생각은 무엇입니까? 혹시 우리는 하나님을 섬기러 나오고 예배에 가장 가까이 있으면서 제사장들처럼, 이스라엘 백성처럼 하나님을 죽은 신 대하듯 섬기고 있지는 않습니까? 마치 보지도 못하고 느끼지도 못하는 우상들처럼 말입니다.

우리는 온전한 찬양의 제물을 드리고 있습니까? 혹시 우리도 「말라기」의 이스라엘 백성처럼 "이 일이 얼마나 번거로운가?" 불평하며 온전한 찬양의 제물을 드리지 않는 것은 아닌가요?

8절에 보면 총독에게 드려보라고 하시는데, 세상의 총독이 그 재물을 선물로 받았다면 뭐라고 할까요? 그런 것을 받고 기뻐했을까요? 상을 주었을까요? 오히려 총독을 모독했다는 죄명으로 그 재물을 준 사람을 당장 벌하지 않았을까요? 통탄스러운 점은 이렇게 세상에서도 통하지 않을 것들을 하나님께 드리고 있다는 것입니다.

만일 우리 예배팀들이 TV 방송에 나간다고 생각해봅시다. 그것도 공중파나 요즘 인기가 많은 오디션 프로그램, 아니 대통령 같은 높은 분들 앞에서 예배를 인도한다고 생각해봅시다. 우리의 태도가 어떻겠습니까? 정말 최선을 다하지 않겠습니까? 당장 교회 밖에서 무슨 집회를 인도한다면 우리는 서로의 동의하에 최선을 다할 것입니다. 사람들의 눈을 의식해서요. 망신당하지 않으려고요.

하지만 교회에서는 최선을 다하지 않고 그저 하던 대로 합니다. 좀 더 성령님의 도우심을 구하거나 좀 더 기도하지 않고 말입니다. 우리 교회 교인들은 모두 이해해주는 분위기이고, 우리 교회의 분위기는 하나님을 닮아서 어제나 오늘이나 동일했으며, 기도해봐도 영원토록 변함이 없을 것 같으니까요.

이왕 기도 이야기가 나왔으니 좀 더 나누어봅시다. 예배 인도 전에 기도를 정말 열심히 하십니까? 악기나 노래 연습은 30분에서 1시간 정도를 하면서 정작 중요한 성령님의 도움을 구하는 기도는 5~10분 정도로 늘 형식적이지 않습니까?

제 책 『한국 교회를 깨우는 워십 리더』에는 1980~2000년대 우리나라의 예배 문화를 뒤흔든 올네이션스 경배와 찬양의 일화가 나옵니다. 사람들은 겉으로 드러나는 그들의 모습만을 보았지만, 사실 그들은 집회 전 1시간 정도를 무조건 기도만 했다고 합니다. 많은 이가 정말 참된 예배를 드리기 위해, 성령님의 도우심을 위해 그렇게 기도했다고 합니다. 그 결과가 한국 교회를 변화시켰고, 실제로 목요모임 가운데 많은 사람의 변화와 회복이 이루어졌고 참된 예배를 가져다줄 수 있었습니다.

저 역시 제가 섬기던 단체에서 집회를 인도하러 갈 때는 집회 전 1시간에서 1시간 30분 정도를 먼저 기도로 준비했습니다. 그랬더니 놀라운 일이 일어나기 시작했습니다. 전혀 예상치 못한 하나님의 이끄심을 보았으며, 예배 후에 많은 열매가 있었음을 예배 참여자들의 간증을 통해 확인할 수 있었습니다.

온전한 예배 준비를 위해 점검해봅시다.

02

주일 예배를
어떻게 준비하시나요

여러분은 여러분이 인도하는 예배가 아니고 그저 회중으로 참여하는 주일 예배라면 어떤 모습으로 예배에 참여하십니까? 인도하는 예배만큼이나 최선을 다해, 온 마음 다해 예배하십니까? 여러분이 회중으로 참여하는 주일 예배에서는 회중으로서 온전한 예배를 드리십시오. 그리고 여러분들이 인도하는 예배도 인도자가 아닌 예배자로서 예배하십시오.

주일로 넘어가는 주말, 여러분은 어떤 모습으로 예배를 준비하십니까? 금요일 정도 되면 마음이 싱숭생숭하지 않나요? 조금 들뜨는 것이 사실이죠? 속박에서 벗어

나 마음대로 할 수 있을 것 같고, 내 마음이 원하는 대로 해줘야 할 것 같죠. 사실 저도 비슷한 경우를 많이 겪어봐서 잘 압니다.

저는 삶을 즐기는 것이 나쁘다고는 생각지 않습니다. 다만 우리가 주일을 생각하고 그날이 하나님과 교제하며 하나님께 예배하는 날이라면 우리의 태도와 마음가짐이 세상 사람들과는 달라야 한다고 생각합니다. 적어도 예배를 인도하는 사람들이라면 일반 성도들보다 더 잘 준비되어야 하지 않겠습니까?

만일 어떤 의사가 자신이 해온 방법만을 믿고 대충 수술해서 환자가 고통당한 내용의 기사를 읽으면 분명 여러분은 나쁜 의사라고 한마디씩 할 것입니다. 예배팀 여러분이 의사라면, 영혼을 다루는 의사라면 최선을 다하지 않는 것에 대해 어떻게 하시겠습니까?

사실 예배팀은 매일매일 예배를 준비해야 합니다. 매일의 순간순간이 예배 준비가 되어야 합니다. 하지만 이것은 쉽지 않으니 범위를 주말로 좁혀봅시다. 주말에 밤늦게까지 영화나 드라마, 예능 프로그램을 보거나 새벽까지 게임을 즐기고 난 뒤 주일 예배에 임해보십시오. 그러면 여러분의 마음이 온전히 하나님을 향해 나아가게 될까요? 본인의 주일 예배, 하나님과의 관계도 온전하지 못하면서 다른 사람들을 인도할 수 있을까요? 다시 말씀드리지만, 준비되는 자가 온전한 예배를 이끌 수 있습니다.

이것은 회중도 예외는 아닙니다. 회중도 예배를 준비해야 합니다. 우리 교회에 예배를 준비하는 분이 얼마나 될까요? 예배를 준비하는 분들을 대충 꼽아보면 목사님은 설교 준비를, 대표 기도자는 기도 준비를, 찬양대는 찬양 준비를 합니다. 그 밖의 분들은 어떤 준비를 하십니까? 사실 거의 준비하지 않고 오십니다. 아무 준비를 하지 않고 오니 예배에 능력이 없습니다. 그렇게 와서 예배를 드리고는 하나님을 경험하지 못한 채 예배 장소를 떠납니다. 교회 마당만 밟고 돌아갈 때가 많은 것이지요. 그 증거는 예배가 끝난 뒤 열매로 드러납니다.

어느 교회에서 예배를 마치고 나오는데 주차장에서 소란이 일었습니다. 다른 사람들이 차를 늦게 뺀다고 성도 한 분이 고함을 치고 있었습니다. 물론 늦게 나오신 분도 잘못은 있지만, 사랑은 무례하지 않은 법인데 그분의 모습은 하나님을 만난 사람의 태도가 아니었습니다.

예배의 또 다른 열매는 전도와 선교입니다. 예배는 하나님을 만나고 오는 것입니다. 하나님을 만난 사람들은 인생이 모두 변화되었습니다. 그리고 하나님을 전하기 위해, 예수 그리스도를 위해 목숨을 겁니다. 『신약성경』에서 예수님의 제자들과 바울을 보십시오. 과연 우리는 그들처럼 그리스도를 위해 목숨을 걸고 생명을 전하고 있습니까?

재미있는 것은 하나님을 가장 가까이에서 만나고 그 열매를 맺어야 하는 예배팀이 전도를 잘 하지 않는다는 점입니다. 그저 예배시간에 인도하고 예배곡을 연주하면 자신의 소임을 다했다고 생각합니다. 정작 하나님께로 인도하는 예배팀이 하나님을 만나는 경우가 별로 없습니다. 무엇 때문일까요? 예배를 준비하지 않아서입니다.

말들은 잘하는데, 기도는 그럴듯하게 하는데, 그 속을 들여다보면 하나님을 만나는 것을 귀찮게 여기거나 관심이 없습니다. 좀 더 근본적인 원인으로 들어가면 마음에 하나님 두기를 싫어하기 때문입니다(「로마서」 1:28).

제게는 기억에 남는 예배가 있습니다. 1996년 2월 어느 도시에서 열린 특별집회였습니다. 그 예배는 사단의 방해가 많아서인지 무척 힘들었고, 외부에서 방해하는 세력도 많았습니다. 지금 생각해보니 기도가 아니었다면 정해진 예배를 올바로 드릴 수 없었을 것입니다.

약 3시간을 인도하는 그 한 번의 예배를 위해 저는 몇 달 동안 많은 기도를 해야 했고, 팀원들도 작정기도를 드려야 했습니다. 그뿐만 아니라 집회 전에는 여러 방해가 있는 가운데서도 예배팀 지체들을 모아 1시간 30분 동안 예배를 위해 집중적으로 기도하며 준비했습니다. 기도 제목이 여러 가지였지만, 특히 하나님의 얼굴을 구하는 것과 하나님의 임재를 통한 그 지역의 회복에 중점을 두었습니다.

예배가 점점 풍성해지고 깊어갈 무렵 임재에 대한 찬양을 하고 있는데 갑자기 드럼 소리가 들리지 않았습니다. 드럼 쪽을 보니 드럼 주자가 보이지 않았습니다. 그는 드럼 옆에 엎드려 울고 있었습니다. 그다음에는 베이스 주자도 연주를 하지 않고 베이스기타를 안은 채 무릎 꿇고 기도하기 시작했습니다. 조금 지나자 싱어들이 마이크를 놓고 울며 손을 들었습니다.

그렇게 악기 소리가 하나씩 멈추더니 퍼스트건반 소리마저 들리지 않았습니다. 건반 주자도 두 손을 들고 울고 있었습니다. 남은 건 오직 하나, 저의 기타 연주 소리뿐이었습니다.

인도하는 저를 제외한 모든 예배팀이 예배 인도를 포기하고 눈물로 예배하자 회중의 반응이 이상해지더니 그들도 하나둘 울부짖기 시작했습니다. 통곡 소리가 여기저기서 흘러나왔고, 저 또한 더 이상 예배 인도를 계속할 수 없었습니다. 저는 망설이지 않고 성령님이 하시도록 예배 인도의 자리를 내어드린 뒤 기도를 올렸습니다.

그날 저와 팀 지체들, 회중에게 하나님의 임재가 있었습니다. 우리 모두는 주일 예배에서 경험할 수 없었던 강한 감동을 받았습니다. 예배를 마친 뒤, 예배 가운데 우리가 기도한 대로 응답되었다는 것을 깨달았습니다. 기도로 준비해온 결과가 신실하신 하나님의 응답하심으로 예배 가운데 이루어진 것입니다. 그것은 준비한 사람, 즉 '물 떠온 하인들'만이 아는 비밀이었습니다(『요한복음』 2:9). 그날 이후 예배팀으로 참여했던 몇몇 사람은 그리스도를 전하기 위해 목사로, 전도사로, 사모로, 사역자로 하나님 앞에 헌신했습니다.

물론 하나님이 우리의 준비됨과 상관없이 역사하실 수도 있습니다. 이는 전적으로 하나님의 주권이기 때문입니다. 그러나 그런 경우는 아주 드뭅니다. 평소에 하나님 앞에 나아가는 태도가 중요하다는 것을 말씀드리는 것입니다.

전부 기억나지는 않지만 예전에 제가 학교 다닐 때 이런 주제로 교수님과 대화를 나눈 적이 있습니다.

"사람의 준비가 오히려 하나님의 사역을 방해할 수도 있지 않을까요?"

제 질문에 교수님은 이렇게 대답해주셨습니다.

"맞는 말입니다. 실제로 그럴 수 있고, 인간적인 생각이 하나님의 방법을 방해할 수도 있기 때문입니다. 하지만 자신이 맡은 일에 최선을 다하지 않고 기도만 한다거나 마땅히 해야 할 준비를 하지 않고 은혜만을 구한다면 그것은 직무유기입니다. 그것은 학생이 공부해야 하는데 공부하지 않고 시험에서 좋은 점수 받기를 원하는 것과 같습니다. 그것은 은혜를 가장한 게으름이고, 하나님의 이름을 빙자한 거짓과도 같습니다. 성경의 법칙은 심은 대로 거두는 것입니다."

정확하면서도 기억에 뚜렷이 남는 대답이었습니다.

오랜 시간 유럽에서 공부하시고 동유럽 선교 사역을 하신 교수님은 사람의 준비와 성령의 역사에 대한 균형

잡힌 관점을 이렇게 정의해주셨습니다.

"일을 하기 전에는 하나님이 안 계신 것처럼 철저히 최선을 다해 준비하십시오. 그리고 사역을 할 때는 하나도 준비하지 않은 것처럼 하나님만 의지하십시오!"

앞서 말한 대로 우리 예배팀은 최선을 다하지 않을 때가 많습니다. 은혜라는 이름으로 대충 할 때도 많습니다. 그러나 예배를 온전히 드리기 위해서 기도에도 연습에도 최선을 다해야 합니다. 그래야 여러분을 통해 예배가 살아나기 시작할 것입니다.

먼저 이렇게 해보십시오. 진부하게 들리겠지만, 개인적으로 매일 일정 시간을 하나님께 드리십시오. 그리고 팀원들이 일주일에 하루 정도 함께 모여서 먼저 예배하고, 예배를 위해 마음을 다해 적극적으로 기도해보십시오. 연습도 실전처럼 해보십시오.

" 나누어봅시다 "

01 우리의 예배 준비는 어떤가요? 변화를 주어야 하는 부분은 무엇인가요?

02 사회에서는 최선을 다하는데 하나님께는 왜 최선을 다하지 못할까요?

나눔과
섬김의 예배

마무리를 어떻게 하는 게 좋을지 많이 고민했습니다.

무엇이든 마무리가 중요하기 때문입니다.

고민 중에 지난번 제가 저술한 책에서 많은 분이 감동받았다고

말씀해주신 내용 하나가 떠올라 그 글로 마무리하려 합니다.

사실 이것은 예배에 꼭 필요한 내용이기도 합니다.

읽어보시고 당신의 예배 영역을,

우리의 예배 영역을 좀 더 확대해 나갈 수 있기를 바랍니다.

2006년 여름 월드컵의 열기가 시작될 때, 나는 대학로의 어느 교회에서 10기 두란노 예배학교를 진행하고 있었다. 그날 강사는 박희광 목사님이셨는데, 그는 모든 예배자들을 직접 실습시키면서 성경적인 예배로 인도하고 있었다. 마지막 파트인 춤으로 예배하는 부분에서는 남녀노소 할 것 없이 모두 어우러져 기쁨으로 춤을 추었다.

그곳에 모인 사람들의 기쁨은 온 예배실에 가득했고, 모두 감격스러워했으며, '아멘' 소리도 높아져만 갔다. 조별 모임의 나눔은 풍성했으며, 성경적 예배에 대한 감격으로 우는 이들까지 있었다.

모임을 마치고 집으로 돌아가는 이들을 배웅하러 나는 교회 밖으로 나가 인사를 했다. 대학로답게 교회 정문 앞은 사람들로 붐볐다. 그런데 그들 사이로 멀지 않은 곳에 나의 눈에 띄는 한 사람이 있었다.

한 50대쯤 되어 보이는 허름한 차림의 노숙인 어른이었다. 서 있기조차 힘들어 아슬아슬하게 가로수를 붙잡고 있는 그의 허리는 반쯤 구부려져 마치 가로수와 씨름이라도 하는 듯 보였다. 나는 그 모습을 보고 가슴이 아팠다. 그리고 우리 예배학교 학생들을 보았다. 그렇게 충만한 예배를 드렸으니 누군가가 그 노숙인에게 다가가 따스한 말 한마디라도 건넬 줄 알았다. 그런데 그곳에 모였던 200여 명의 예배자들은 멀뚱히 시선만 던질 뿐 그냥 지나쳐갈 뿐이었다. 물론 늦은 시간이어서 그럴 수밖에 없었을 것이다. 하지만 내 마음 한편에는 '우리의 예배는 무엇인가?' 하는 질문이 솟구쳤다.

순간 몇 가지 생각이 내 머리를 때리고 지나갔다. 교회 안에서만 뛰고, 기쁘고, 우리만 예배하면 되는 것인가? 우리의 예배는 제한된 교회 울타리 안에서밖에 이루어질 수 없는 것인가? '담장 너머로 뻗은 나무…'라고 노래는 하고 서로 축복은 하는데, 우리 예배는 교회 담장을 넘을 수 없단 말인가? 우리의 예배를 통한 하나님의 임재와 복은 우리만 누리는 것인가?

순간 예배학교를 기획하고 강의하고 진행하는 내 모습이 초라하게 여겨졌다. 예배의 한 면만을 강조한 것 같아 '잘못 가르쳤구나' 하는 생각이 들었다.

나는 곧바로 교회 안으로 들어가 스태프들의 식사용으로 마련된 김밥과 음료를 들고 노숙인 아저씨를 찾아갔다.

"아저씨, 저녁 드셨어요? 이것 좀 드셔보실래요?"

노숙인 아저씨는 들릴 듯 말 듯 작은 목소리로 고맙다고 대답했다. 가까이서 보니 더 힘이 없어 보였다. 내가 할 수 있는 일은 거기까지였다! 예배를 가르치는 선생이자 교회의 사역자이지만, 고작 내가 낼 수 있는 용기는 김밥을 내미는 정도였다.

노숙인 아저씨는 그 자리에 털썩 주저앉아 은박지를 벗기더니 안쓰럽게 허겁지겁 김밥을 먹기 시작했다. 바

로 그때 스태프 중 촬영을 담당하는 윤승걸 형제가 김밥을 두어 개 손에 들고 그 노숙인 아저씨에게 다가왔다. 그러더니 본인도 털썩! 주저앉아 아저씨에게 김밥을 내밀며 더 드시라고 권했다. 그러고는 그 노숙인과 식사를 같이 하기 시작했다. 내가 알기로 승걸 형제는 이미 저녁을 먹은 뒤였다. 승걸 형제는 노숙인 아저씨와 대화하며 예수를 전하기 시작했다. 그러면서 이렇게 말했다.

"아저씨, 저 매주 화요일마다 이 교회에 와요. 오늘 제가 만 원을 드릴게요. 제가 가진 돈이 이것밖에 없어요! 다음 주에 이 앞으로 오실 수 있으면 제가 더 드릴게요."

교회는 통유리로 되어 있어 안에서도 밖이 잘 보였는데, 승걸 형제의 그 모습은 우리 스태프들이 마무리 정리를 하고 스태프 모임을 할 때까지 이어졌다. 나는 그 장면을 보면서 스태프들에게 상황을 설명한 뒤 이렇게 말했다.

"「히브리서」 13장 16절에 '오직 선을 행함과 서로 나누어 주기를 잊지 말라 하나님은 이같은 제사를 기뻐하시느니라'고 말씀하고 있습니다. 선을 행함과 나눔이 예배라는 의미입니다. 지금 저 모습이 바로 예배입니다."

승걸 형제의 모습은 그 어떤 강의나 설교보다 더 강한 울림으로 내게 다가왔다.

학교의 강의나 교회 특별 강의를 통해서 예배 사역을 꿈꾸는 젊은이들을 많이 만나게 된다. 하나님께 자신을 헌신하고자 하는 사람들을 만나는 것은 내게 큰 기쁨이다. 내가 책을 쓰기 시작한 이유도 그들에게 조그마한 도움이 되고자 함이었다. 하지만 그 만남은 잠시 후 슬픔으로 다가온다. 그들의 관심은 성경이 예배에 대해 어떻게 말씀하는지에 대한 이해와 그 말씀대로의 행함이 아니라 무대에서 많은 사람 앞에 서는 것일 때가 많기 때문이다. 아직 어리고 잘 몰라서 그럴 수도 있겠거니 이해는 하지만 말이다.

지금 우리가 드리는 찬양과 경배 혹은 경배와 찬양 스타일의 예배, 현대 예배가 성경이 말하는 예배의 전부일까? 하나님은 어떤 예배를 기뻐하실까?

우리 예수님을 믿는 사람들은 「베드로전서」의 말씀처럼 '왕 같은 제사장'이다(「베드로전서」 2:5) 제사장이란 무엇인가? 예배 전문가들이다. 예배 전문가들은 성경에서 말하는 다양한 예배를 하는 사람들이다. 성경은 예배를 결코 무대 위에서만 또 교회 안에서만이라고 말씀하고 있지 않다. 예배는 삶이고 생활 속에서 드려지는 것이다. 나는 예배 인도자들이 의외로 성경을 잘 모르는 것을 많이 봐왔다. 예배 인도자들과 예배 사역을 꿈꾸는 자들이 성경을 많이 연구하기를 바란다. 예배를 더 많이 연구하기를 바란다. 당신은 제사장의 역할을 해야 하는 사람이다.

사도 바울은 「로마서」 15장 16절에서 이렇게 고백한다.

이 은혜는 곧 나로 이방인을 위하여 그리스도 예
수의 일꾼이 되어 하나님의 복음의 제사장 직분을
하게 하사 이방인을 제물로 드리는 것이 성령 안
에서 거룩하게 되어 받으실 만하게 하려 하심이라

이제 와서 밝히지만, 내가 이 책에 넣고 싶은 부분이
있었는데 바로 '예배를 통한 선교'였다. 그래서 선교 경
험이 많은 예배 사역자를 찾아가 인터뷰도 했으나, 인터
뷰한 시간이 오래 지났고 그분의 개인 사정도 있고 해서
책에 소개하지 못하게 되었다.

그분의 인터뷰에도 나와 있었고 국내의 각종 선교학
교에서도 가르치는 바 선교의 정의는 이렇다.

선교란? 하나님을 예배할 수 없는 자들에게 찾아가
서 그들이 하나님을 예배하게 하는 것이 선교이다!

개인적으로 참 마음에 드는 정의다. 선교는 예배자들의 '선택과목'이 아니다. '교양과목'은 더더욱 아니다. 예배자들의 '전공필수' 과목이다. 예배자들이 모두 선교지에 갈 수는 없을 것이다. 하지만 선교적 마음을 품고 잃어버린 영혼을 향해 나아가야 한다고 본다. 좀 더 눈을 돌려서 한국 안에 들어와 있는 외국인 노동자들과 유학생들에게 나아가야 한다. 그들이 변화되어 본국으로 돌아간다면 언어와 문화에 적응할 필요 없이 복음을 효과적으로 전할 수 있을 것이다.

예배 사역팀이 교회 안에만 머무르지 말고 교회 밖으로 시선을 돌렸으면 한다. 우리가 나가지 않으니 하나님이 한국으로 보내시지 않았는가?

하나님의 임재함이 있는 예배자가 하나님을 예배하지 않는 그 땅을 밟고 예배하며 기도할 때 하나님의 임재함이 그 땅과 그 사람들에게도 함께하실 것이다. 그들을 가두고 있는 옥터가 움직이며, 옥문이 열리게 될 것이고, 사람들을 매고 있는 것이 다 벗어지게 될 것이다 (「사도행전」 16:26).

예배자들은 그저 회중들 앞에서 "여호와의 영광을 인정하는 것이 온 세상 가득하리라" 하고 예언적 선포만 하는 사람이 아니다. 나아가 이 선포를 근거로 자신을 주께 드려 땀을 흘려야 하는 사람이며, 생명을 구원하기 위해 복음을 전해야 하는 사람이다. 즉, 자신을 제물로 드려 헌신하는 사람이다(「로마서」 12:1~2).

" 나누어봅시다 "

01 살기 힘든 세상이고 당신이 쓰기에도 빠듯하지만, 혹시 당신이 가진 재정을 어려운 이웃과 나눈 적이 있나요?

02 예배자는 이웃에게 생명을 전하는 사람입니다. 전도하기 힘든 시대입니다. 하지만 당신은 예수님을 전하려 하고 있습니까?

03 우리의 예배 영역을 조금 더 확대해보려면 어떻게 하면 될까요?

예배팀을 변화시키는

워십 스쿨

발행일 2020년 2월 10일 초판 1쇄
          2024년 4월 15일 초판 2쇄

지은이 정석찬
발행인 고영래
발행처 미래사CROSS

주소 서울시 마포구 토정로 195-1 정우빌딩 3층
전화 (02)773-5680
팩스 (02)773-5685
이메일 miraebooks@daum.net
등록 1995년 6월17일(제2016-000084호)

ISBN 978-89-7087-124-0 03230

© 정석찬, 2020